마지막 반전을 위한
고3 공부법

마지막
반전을
위한

고3
공부법

1년 안에 5등급 올리는
최단기 성적 향상 공부법

애플북스

Contents

범재가 천재를 이기는
유일한 방법

"선생님, 어떻게 해야 공부를 잘할 수 있을까요?"

"지금부터 해도 가능할까요?"

학생들이 찾아와 털어놓는 고민거리를 들어보면 빠지지 않고 등장하는 주제가 바로 '공부'다. 아무것도 모를 것 같은 초등학생들조차 "요즘 고민이 뭐니?"라는 질문에 "공부요!"하고 답하는 것을 보고 깜짝 놀란다. 문제는, 학생이면 누구나 미치도록 공부를 잘하고 싶어 하지만, 고민만 많을 뿐 실제로 이 골칫덩이를 어떻게 해야 하는지 그 '방법'은 다들 잘 모른다는 것이다. 정말 어떻게 해야 공부를 잘할 수 있을까?

이럴 때 흔히 하는 선택이 바로 사교육이다. 잘 가르치기로 소문난 선생님, 유명한 학원을 찾아서 말이다. 우리는 은연중에 좋은 학원에 가면 모든 문제가 해결될 것이라는 기대감과 믿음을 가진다.

며칠 전 인터넷에서 이런 글을 본 적이 있다.

"수능! 금수저와 흙수저의 사교육 격차를 확인하는 첫 계단!"

잘사는 집에서 태어난 아이는 좋은 교육을 받아 공부를 잘할 수밖에 없고, 못사는 집에서 태어난 아이는 도움을 받지 못해 공부를 못할 수밖에 없다는 것이다. 이 글을 보고 나는 고개를 절레절레 흔들었다. 강력히 말하건대 이는 사실이 아니다.

공부를 못하면 우리는 사교육이 부족한 탓이라 생각한다. 좀 더 좋은 학원을 다니지 않아서, 유명 강사 수업을 듣지 않아서라고 말이다. 부모님들은 혹시라도 사교육이 부족해서 자녀가 공부를 못할까봐 엄청난 교육비를 대느라 허리가 휘고, 학생들은 이 학원, 저 학원을 다니느라 정신이 없다. 그런데 정말 성적이 오르지 않는 이유가 사교육 부족 때문일까? 사교육에 집중하면 모든 문제가 해결될까?

내 대답은 '결코 아니다!'다. 교육열이 높기로 소문난 대한민국 사교육 1번지, 서울 강남구 고등학교들의 최근 4년간 대학 진학률을 살펴보면 깜짝 놀랄 수치가 나온다. 명문으로 알려진 경기고, 영동고, 현대고, 휘문고 등의 대학 진학률이 30~50%로 상당히 낮은 것이다. 졸업생 절반가량이 대학을 가지 못하고 재수 중이었다.

사교육에 집중한다는 8학군에서까지 대학 진학률이 이토록 낮은 이유가 뭘까? 이것이야말로 '사교육이면 다 된다!'는 대부분의 믿음을 무너뜨리는 강력한 증거가 아닐까?

교육 현장에 오랫동안 있으며 나는 어떤 학생들이 공부를 잘하는지 면밀히 살폈다. 성공한 학생들의 공부법과 교재를 관찰하고, 인터뷰, 책 등 여러 매체를 통해 자료를 수집, 분석하며 누가 어떻게 기가 막힌 성적 상승 스토리를 일궈냈는지 연구했다. 그러자 놀라운 결론이 도출됐다. 갑자기 성적이 쑥 올라간 학생들에게는 모두 공통점이 있었다. 그 공식은 다음과 같다!

자기 스스로 공부한 시간 ≧ 수업 듣는 시간

즉 대부분의 시간을 자기 스스로 하는 공부에 투자한 것이다.

1시간 수업,
3시간 자기 공부 법칙

1시간 수업(듣는 공부)을 들었다면 3회 이상 혼자서 수업 내용을 반복 복습(자기 공부)해야 수업을 들은 효과가 있다. 그래야 들은 것이 증발되지 않고 완벽히 자기 것이 된다. 나는 이것을 '1시간 수업 3시간 자기 공부 법칙'이라 말한다. "3시간이나요?"라고 반문하는 학생이 있을지도 모르겠다. 학생들 대부분이 놓치는 포인트가 바로 이 지점이다. '왜 1시간 들은 수업 내용을 세 번이나 다시 보고 반복해야 하지?'라고 느끼는 것이다.

하지만 두뇌가 명석하기로 소문난 과학고 학생들조차도 3회 이상 복습하지 않으면 일주일, 한 달 뒤에는 지난 수업에서 배운 내용을 모조리 잊어먹기 일쑤였다. 기껏 많은 시간과 돈을 들여 들은 수업은 무용지물이 되고 실력이 쌓이질 않는 것이다. 물론 개인차는 있겠지만, 아무리 머리 좋은 학생도 수업 내용을 소화하기 위해서는 실제 수업 시간 이상의 충분한 자기 공부 시간이 필요하다.

나는 이 법칙을 맞는지 확인하기 위해 치밀하게 자료를 수집했다. 명문대에 진학한 학생들의 생생한 사례를 모으고, 전국 상위 1%에 드는 학생 200여 명을 대상으로 상세한 설문 조사를 실시, 공통되는 효율적인 공부법을 찾아내고자 했다. 뿐만 아니라 최신 뇌과학 및 교육학에 기반해 연구를 진행했다.

그 결과, 놀라운 사실이 밝혀졌다. 하루 종일 학원에서 수업을 듣기만 한 학생들은 대부분 실전 시험에서 좋은 성적을 받지 못했다. 반면 혼자서 묵묵히 기초부터 차근차근 다지며 꼭 필요한 수업만 찾아 들은 학생들은 성적이 좋았다. 한마디로 자기주도학습을 한 학생들이 실전에서 강했던 것이다. 극적으로 성적을 올려 명문대에 합격한 학생들, 모두가 동경하는 역전 스토리의 주인공들은 모두 '자기 공부'라는 엄청난 공부 비법을 알고 있었다.

자기주도학습이 곧
인생 성공의 법칙이다

자기주도학습을 성공적으로 해내고 인생을 바꾼 사람들은 수도 없이 많다.

장승수(서울대 수석 입학, 사법 고시 합격), 김범수(하버드대·예일대 졸업), 야마구치 마유(도쿄대 법학과 수석 졸업, 변호사), 이인철(변호사), 최규호(변호사,《불합격을 피하는 법》저자), 손빈희(최연소 변호사), 김동연(미시간대 박사, 전 국무조정실장), 박철범(고려대 졸업), 김훈정(하버드대 졸업, 하버드대 법학대학원), 류지원(연세대 병원 전임의), 박영립(변호사), 이종훈(전 야구 선수, 사법 고시 합격)…….

이렇듯 진짜 실력 있는 사람들은 혼자서 공부할 줄 알았다. 진짜 성적은 '수업을 듣고 난 뒤에 학생이 어떻게 스스로 학습하느냐'에 달린 것이다.

"선생님, 말이 쉽죠. 어떻게 혼자서 공부를 해요?"라고 되묻는 학생이 대부분일 것이다. 그래서 이 책을 준비했다. 혼자서 어떻게 공부해야 성적을 올릴 수 있는지, 왜 자기주도학습이 강력한 무기인지에 대해 자세히 설명해뒀다. 누구나 이 책에서 소개하는 자기주도학습법을 따르면 반드시 성적을 올릴 수 있다. 실제로 나는 열의는 높지만 어떻게 공부해야 하는지 모르는 평범한 학생들을 이 자기주도학습법으로 가르쳐, 명문대에 입학시켰다. 바로 우리나라 최초의 '자기주도학습 학원'이자 '독학 관리 학원'인 탑스터디 학원에서 거둔 성공이었다.

　10여 년 전, 나는 성적을 올리고 싶은 열정으로 가득한 학생들을 한데 모았다. 제대로 된 공부법만 알면 누구나 인생을 바꿀 수 있다는 사실을 아이들에게 가르쳐주고 싶었다. 학생들과 밀접히 교류하고, 수백 회에 달하는 상담 끝에 나는 '학생들에게 공부할 시간이 너무 없다'는 모순을 발견했다. 또 선생님을 중심으로 한 기존의 획일화된 교육 시스템은 학생 각각의 공부 속도를 전혀 고려하지 않는다는 사실도 깨달았다. 그러자 중대한 결심이 섰다. 모든 교육 시스템을 학생 중심으로 바꾸자는 것이었다.

　들기만 하는 수업은 아무 소용이 없다는 사실을 깨달은 나는 학생들이 수업 내용을 익히고 체화하고, 자기 주도적으로 학습을 계획하고 실천할 수 있도록 도왔다. 그때까지 없었던 독학 관리 학원을 운영하게 된 것이다. 학생들을 위한 자기주도학습 시스템을 끊임없이 개발하고, '스스로 학습'을 돕는 다양한 커리큘럼을 세상에 내놓기 시작했다. 나를 믿고 따라와준 학생들이 기적과 같은 성적표를 가져왔다. 반신반의하던 부모님들이 뜨거운 지지를 보내줬다. 참으로 가슴 뛰고 보람찬 날들이었다.

자기주도학습은
자습이 아니다

자기주도학습을 단순히 자습이라고 오해하고, 무작정 혼자서 공부만 하면 된다고 생각하는 학생들이 있다. 하지만 자기주도학습은 혼자 마음대로 하는 자습Self Study이 아니다. 학생 중심 교육Self-directed Learning이다. 학생 스스로 자신의 성적에 맞는 '계획'을 세우고, 효율적인 '학습력'을 키우고, 이를 실천해내는 '생활력'을 습득하는 것이다. 이러한 여러 가지 능력이 배양돼야 비로소 자기주도학습 능력이 있다고 말할 수 있다.

최고라는 명성을 들어온 그간의 성과를 바탕으로 축적된 자기주도학습 노하우를 이 책에 아낌없이 담았다. 잘못된 공부 습관이 몸에 밴 학생, 자기만의 공부 노하우가 있는 학생에게도 도움이 되겠지만, 무엇보다 공부는 하고 싶은데 어떻게 시작해야 할지 모르겠는 평범한 학생들에게 귀중한 정보가 되리라 확신한다.

1장에서는 왜 혼자서 공부하는 학생들이 이길 수밖에 없는지, 성적이 빠르게 오를 수밖에 없는 이유와 비밀에 대해 밝히고자 한다. 본격적인 방법론은 2장부터 시작된다. 인생은 속도와 방향이다. 꿈을 이루기 위해서는 이 두 가지를 모두 갖춰야 한다. 방향을 잘 잡고 고속으로 내달려야 꿈을 이룰 수 있다. 공부도 마찬가지다. 방향과 속도를 잡아야 성적이 빠르게 상승한다. 그래서 2장에서는 방향을 잡는 계획을 제대로 세우는 방법에 대해서, 3장에서는 속도를 올리는 '효율적인 공부법'에 대해서 이야기하고자 한다. 4장에서는 목표치를 달성해내고 생활력을 키우는 방법, 5장에서는 마지막 1%를 더하는 정신력에 대해서 말한다.

수많은 합격생들을 통해 검증된 방법에 따라 효율적으로 노력한다면 누구나 굉장한 성과를 이뤄낼 수 있다. 다시 한 번 명심하자. 진짜 성공하는 학생들은 주어진 시간 대부분을 '자기 공부'에 투자한다. 누가 돌봐주지 않아도 스스로 알아서 공부해내는 자만큼 강한 자는 없다. 이제 여러분 차례다. 지금부터 힘차게 스스로 한 걸음을 내디뎌보자.

김은숙

CHAPTER
1

왜 공부해도
성적이 오르지 않을까

자기 점검 STEP 1

STEP 2

STEP 3

STEP 4

STEP 5

"과거의 실패를 극복하고
그것을 변혁시키려는 희망이야말로
인간이 가진 매력이다."

– 앙드레 모루아 André Maurois

수많은 수험생들이
재수, 삼수를 하는 이유

> "사람들이 꿈을 이루지 못하는 한 가지 이유는
> 그들이 생각을 바꾸지 않으면서
> 결과를 바꾸고 싶어 하기 때문이다."
>
> – 존 맥스웰John Maxwell

"선생님, 저 이번에 삼수하려고요. 재수하면서 최선을 다하지 못했어요."

겨울이 되면 수많은 학생들이 눈물을 흘리며 학원에 찾아와 다시 도전해보고 싶다고 이야기한다. 그럴 때마다 나는 안타까운 마음을 삼킨다. 재도전의 이유를 '최선을 다하지 못했기 때문'이라고 말하는 학생들이 한둘이 아니기 때문이다. 그렇게 해서 또다시 1년 동안 재수 종합 학원과 단과 학원을 전전하지만 성공하는 학생은 많지 않다. 왜 그렇게 많은 학생들이 수능에서 실패할까? 몇 해째 같은 고민을 토로하는 아이들을 보면서 나는 이런 생각을 하게 됐다.

'최선을 다하지 못한 것이 전적으로 학생들 탓일까? 환경에 문제가 있었던 것은 아닐까?'

성수는 우리 학원에 오겠다고 대구에서 서울까지 찾아온 삼수생이었다. 수능을 망치고 나서, 이제 정신 차리고 공부를 다시 시작하기로 마음먹었다고 했다. 이야기를 들어보니 성수가 그동안 어떻게 공부했는지 단번에 파악됐다.

정확히 1년 전 겨울, 성수는 재수에는 반드시 성공하고 싶어 대형 재수 종합 학원에 등록하고 열심히 수업을 들었다. 아침부터 저녁까지 성실하게 수업을 듣고, 짬짬이 유명하다는 인터넷 강의를 모조리 섭렵했다. 그런데 또다시 수능을 망치고 삼수를 하게 된 것이다.

"학원 수업 듣느라 내 공부를 할 시간이 없었어요. 수험장에 가니까 어디서 들은 기억은 나는데 어떻게 푸는지 하나도 못 써먹겠더라고요. 여름 지나고부터는 저도 모르게 해이해져서 친구들이랑 몰려다녔는데 엄청 후회가 돼요. 다 끊고 공부 좀 할걸……. 이제야 어떻게 공부하면 명문대 갈 수 있을지 알 것 같은데, 이대로 포기하긴 너무 아쉬워요. 한 번 더 해볼래요."

많은 부모님들과 학생들이 재수를 시작할 때 별다른 고민 없이 재수 종합 학원에 모든 것을 맡겨버린다. 일단 그 안에 소속돼 있다고 하면 뭔가 제대로 하고 있는 것 같아 마음이 놓이기 때문이다. 하지만 여기에는 세 가지 함정이 있다.

첫째, 성적은 학생이 직접 공부해야 오르는데, 수업 듣는 시간에 비해 스스로 공부하는 시간이 턱없이 부족하다.

둘째, 학생에게 필요한 수업, 잘 맞는 선생님의 수업이 아니라 정해진 수업을 무조건적으로 듣는다.

셋째, 집단생활이기 때문에 자기 관리력이 없는 학생들은 끝까지 해내지 못한다.

재수에 실패한 학생들이 하나같이 입을 모아 하는 말이 '자기 공부를 할 시간이 없었다'는 것이었다. 공부를 잘하는 학생이야 수업만 듣고 다녀도 문제가 없겠지만, 기본기가 없는 상태에서 무턱대고 수업만 들은 학생은 대부분 실력이 오르지 않는다. 왜냐하면 '1시간 수업 3시간 자기 공부 법칙'을 모르기 때문이다.

진짜 실력은 혼자서 공부하는 시간 속에서 쌓인다. 수업을 들은 뒤에 혼자서 세 번 이상 반복해서 수업 내용을 복습하고, 자기 것으로 만드는 시간, 직접 문제를 풀어보는 과정에서 실력이 붙는다. 예를 들어 1시간 동안 '미분'에 관한 이론 수업을 들었다고 하자. 그러면 수업 내용을 복습하는 데 1시간, 문제를 풀어보는 데 1시간, 오답을 체크하는 데 1시간 걸리지 않겠는가. 결국 성적을 극적으로 올리고 싶다면 스스로 공부하는 시간을 충분히 가져야 한다. 자기가 공부를 제대로 하고 있는지 단번에 알고 싶다면 하루 일과를 체크해보면 된다.

순식간에 효과가 나타나는
'자기 공부'의 엄청난 힘

사실 혼자서 공부할 줄 아는 아이는 많지 않다. 공부 장소를 택하는 것부터, 어떤 선생님에게 수업을 들을지, 교재는 어떤 것으로 할지, 복습은 얼마나 해야 하는지, 체력 관리는 어떻게 해야 하는지, 학생들 대부분이 스스로 공부하는 법을 모른다. 그래서 무작정 큰돈을 내고 학원에 다닌다. 하지만 별로 얻어 오는 것은 없다.

선생님은 보조자에 불과하다. 학생이 스스로 공부를 해낼 수 있도록 과목별로 핵심을 알려주고, 여러 공부 기술을 알려주고, 자기 주도력을 키울 수 있게 도울 뿐이다. 학생에게 주도권이 있어야 실력이 오른다.

"얘는 공부를 못해서 혼자서는 안 돼요. 유명한 학원에 넣어둬야 하지 않을까요?"

워낙 시대를 앞서간 형태다보니, 상담하러 온 부모님과 학생이 세대 간 '갈등'을 겪는 경우를 심심치 않게 본다. 대부분 적극적으로 찾아와 상담을 요청하는 쪽은 부모님이 아닌 학생이다. 학생들은 듣는 공부가 아니라 자기 공부를 하고 싶어 한다. 이미 겪어봤기에 수업을 듣기만 해서는 큰 효과가 없다는 것을 안다. 반면 부모님들은 아직도 사교육의 힘을 맹신하고, 자녀를 종합 학원이든 단과 학원이든 수업이 하루 종일 잔뜩 있는 곳에 보내고 싶어 한다. 등록해주고 나면 일단 안심이 되기 때문이다. 자식을 도통 혼자 두지 않고 어디든 소속돼 있길 바란다. 혼자서 해보겠다는 자녀의 말을 믿지 못한다. "혼자서 공부해서 되겠어? 어디든 가야 하지 않겠니?" 이런 식이다.

지금이 어떤 시대인가. 필요한 부분, 부족한 부분이 있다면 얼마든지 대한민국 유명 강사의 수업을 자기 책상에 앉아서 들을 수 있다! 남이 좋다는 수업을 들으려고 돌아다니느라 시간을 낭비하는 것이 아니라, 자신에게 맞고 꼭 필요한 수업을 다양한 사이트에서 선택해서 몇 번이고 반복해서 들을 수 있다. 결국 자신에게 필요한 수업을 찾을 줄 알고, 자기 공부 시간을 많이 갖고, 세 번씩 수업 내용을 반복 복습하는, 스스로 공부할 줄 아는 학생들이 이길 수밖에 없지 않겠는가.

이제는 자기 주도력이 큰 학생들이 이기게 돼 있다. 스스로 계획을 세울 줄 알고 실천할 줄 아는 학생, 스스로 동기를 부여하고 자기 관리를 할 줄 아는 학생들이 이기게 돼 있다.

지금 이 순간이
인생에서 가장 중요한 때다

스스로 해보려는 사람에게는 대단한 저력이 있다. 인생 전체를 놓고 봐도 자기 주도력이 큰 학생이 더 크게 성공한다. 길게 보면 수험 준비 기간은 '자기 자신을 관리하는' 필수적인 능력을 키우는 시간이다.

"스스로 목표를 설정하고, 그 목표에 도달하기 위한 계획을 짜고, 그 계획을 실천하며 자기가 원하는 모습이 돼가는 과정!"

누구에게나 자기 주도력을 키울 수 있는 잠재력이 있다. 늘 누가 시키는 공부만 수동적으로 하다가 자신이 주도적으로 뭔가를 하려고 들면 처음에는 힘이 들지도 모른다. 하지만 몇 번이고 자기 힘으로 해보려고 버둥거리다보면 조금씩 즐거워질 것이다.

왜? 스스로 하면 할수록 자기 내면의 힘_{power}이 커져가는 게 느껴지기 때문이다. 스스로 하나하나 알아가고, 맞고 틀린 것을 확인하는 과정에서 자기 실력을 시험하고, 자신에 대해 깨우쳐가는 과정 속에는, 억지로 공부하던 때와는 차원이 다른 기쁨과 성취감이 있다. 스스로 해보려는 아이들은 공부에서 재미를 찾고, 그 결과 엄청난 저력을 발휘한다. 나 역시 현장에서 스스로 공부하는 아이들을 지켜보다가 굉장한 잠재력을 발휘하는 모습을 보고 놀란 적이 한두 번이 아니다.

자기 주도력을 키우는 것은 공부뿐 아니라 인생 전체를 두고 풀어나가야 할 핵심 과제다. 적극적으로 자기 공부 시간을 많이 갖는 것에서부터 시작하자. 그리고 내 인생의 주도권을 내가 갖자! 내가 원하는 인생을 택하고 살 수 있는 힘을 키우기 위해서.

02

비싼 수업료를 내고
본전은 찾고 있는가

"교육의 위대한 목표는
앎이 아니라 행동이다."

– 허버트 스펜서Herbert Spencer

처음 상담을 온 학생들의 하루 일과를 듣다보면 놀라서 말이 안 나오는 경우가 많다. 자기 공부를 할 시간이 있을까 싶다.

일단 평일에는 아침부터 수업이다. 50분 수업 듣고 10분 쉬고를 하루 종일 반복한다. 이렇게 오전 8시부터 오후 4시경까지 학교에서 수업을 듣고서는 또 학원에 간다. 나는 그런 학생들에게 묻곤한다.

"도대체 언제 공부하니?"

"글쎄요. 저도 제 공부를 하고 싶은데…… 할 시간이 없어요."

밤 10시, 대부분이 하루 일정을 마칠 시간이다. 이쯤 되면 아이들은 종일 앉아서 수업을 듣느라 지쳐 있다. 열심히 듣지 않았어도, 종일 앉아서 뭔가를 들었다는 것만으로 이미 피곤에 절어 있다.

집으로 돌아올 즈음에는 하루 종일 들은 수업 내용을 복습할 정신은커녕 각 수업에서 쏟아진 숙제를 할 힘도 남아 있지 않다. 스트레스도 상당하다. 아이들은 스마트폰으로 게임을 하며 하루를 마친다. 결국 자기 공부는 거의 하지 않고 잠이 드는 것이다.

이렇게 열심히 학원 다니는 아이들을 살펴보면 '가방만 들고 다니는' 경우가 많다. 나는 공부의 신이라 불리는 강성태 군의 《공부 혁신》에서 '가방만 들고 다니는 아이들'을 묘사한 부분을 읽고 무릎을 탁 쳤다! '동물원 사파리 버스를 타고 관광하듯 무사태평한 모습, 마치 방청 아르바이트생처럼 선생님의 농담에 하하 호호 웃다 지루해지면 꾸벅꾸벅 졸고, 쉬는 시간에 잡담하다가 집에 돌아가는 모습', 이게 학원을 다니는 아이들의 모습이었다. 그러면서도 유명 강사의 수업을 들었으니 성적이 오를 거라고 안일하게 생각한다.

"5000원을 투자했으면
1만 5000원을 벌어 와야지"

오래전에 한 학부모가 중학생 아들에게 "학원에 5000원을 투자했으면 1만 5000원을 벌어 와야지"라고 말하는 것을 보고 충격을 받은 기억이 있다. 물론 그 학부모는 열심히 공부하라는 뜻에서 한 말이었을 것이다. 옆에서 또래 친구들은 그 학부모가 너무 가혹하다고 말했다. "아니, 가만히 앉아서 학원 수업을 듣는 것도 고역인데 뭘 더 해 오라는 거야."

솔직히 학원을 활용할 줄 몰라서 수업을 듣는 것도 벅차하는 아이들이 많다. 수업에 집중하지 못하고 내용을 잘 따라가지 못하는 아이들도 상당하다. 아이는 수업을 어떻게 자기 것으로 만드는지 방법조차 모르는데, 부모님은 무작정 학원에 보내면 된다고 생각한다. 자기주도학습력이 없는 아이들은 학원에서 선생님이 쏟아내는 수업 내용을 다 받아먹지도 못하고 집에 온다. 수업료의 본전도 찾지 못하고 끝나는 것이다.

인터넷에서 이런 글을 읽은 적이 있다.

"유명 강사 수업을 듣는 애들 전부가 성공한다고 착각하지 마라. 그러면 우리가 전부 1등급이게? 어디를 가나 상위 몇 명만 성공하는 거야. 유명 강사에 의존하지 마라. 결국 니 공부, 니가 하기 나름이야."

스타 강사의 수업을 듣는 학생이 100명이라면 그 100명 모두가 성공하는 것은 아니라는 말이다. 똑같은 돈을 내고 똑같은 수업을 들어도 누구는 100%를 얻어 가고, 누구는 1%도 얻어 가지 못한다. 이 차이는 어디서 생기는 걸까?

학원에 다니는데
왜 성적은 오르지 않을까

최초로 인간의 기억력을 과학적으로 연구한 헤르만 에빙하우스 Hermann Ebbinghaus 는 실험을 통해 '공부를 하고 난 직후부터 빠른 속도로 망각이 진행된다'는 사실을 밝혀냈다. 학습 20분 뒤에는 머릿속에 남아 있는 기억이 약 58%밖에 되지 않으며, 한 달이 지나면 학습한 것의 79%를 잊어버리게 된다! 인간은 복습하지 않으면 금방 잊는다. 그렇게 설계돼 있다. 듣고만 다니는 공부는 본전도 못 찾는 공부다. 순간적이고 금세 증발돼버리기 때문이다.

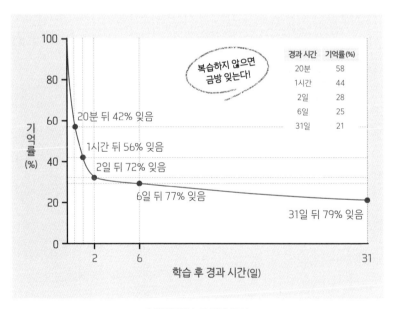

《 에빙하우스의 망각 곡선

우리 뇌는 정보를 받아들이면 단기 기억과 장기 기억으로 분류한다. 단기 기억이란 필요에 의해 일시적으로 저장되는 기억을 말한다. 반면 장기 기억은 머릿속에 오래도록 보존되는 기억이다. 뇌는 모든 정보를 기억할 수 없기 때문에 늘 이렇게 분류를 한다.

이 작업을 담당하는 기관이 뇌에 있는 해마(단기 기억을 저장하는 곳으로 기억과 학습에 관여한다)다. 해마는 정보가 들어오면 일시적으로 기억해야 할 것인지, 장기적으로 기억해야 할 것인지 판단한다. 판단 기준은 얼마나 자주 사용하느냐다.

예를 들어 영어 단어를 암기한다고 하자. 영어 단어 100개를 외우면 그 정보는 측두엽(뇌의 측면에 자리하며 언어, 개념적 사고, 연상을 담당한다)을 통해 해마로 보내진다. 해마는 영어 단어를 한 달 동안 일시적으로 보관하며, 얼마나 자주 사용하는지를 보고 잊어버릴지 기억할지를 결정한다. 만약 어제 외운 영어 단어 100개를 오늘 한 번도 쓰지 않는다면 기억은 점점 사라져간다. 반복하지 않으면 쓸모없는 것이라 생각해 뇌는 잊어버린다.

어제 들은 수업이 기억나지 않는 것도 같은 이유다. 시험 전날 벼락치기로 공부했는데, 시험을 보고 나니 깨끗하게 잊어버린 기억이 있을 것이다. 단기간에 하는 공부, 듣는 공부는 일시적인 것이어서 금방 사라져버린다. 써먹지 않으면 바로 사라진다.

공부한 내용을 까먹는 이유는 단기 기억이기 때문이다. 단기 기억을 오랫동안 보존되는 장기 기억으로 바꾸지 않으면 애써 들은 수업이 무용지물이 돼버린다.

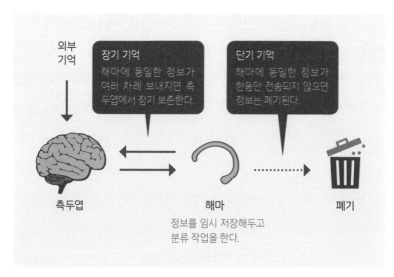

외부 기억

장기 기억
해마에 동일한 정보가 여러 차례 보내지면 측두엽에서 장기 보존한다.

단기 기억
해마에 동일한 정보가 한동안 전송되지 않으면 정보는 폐기된다.

측두엽

해마
정보를 임시 저장해두고 분류 작업을 한다.

폐기

◀ 기억의 구조

　그러면 어떻게 해야 배운 것을 장기 기억으로 바꿔 자기 실력으로 만들 수 있을까? 에빙하우스에 따르면 효과적인 반복 학습만이 망각을 이겨낸다고 한다. 일정한 간격을 두고 기억이 희미해졌다 싶으면 복습하고, 또 희미해졌다 싶으면 다시 반복 복습하는 것이다. 이러면 기억은 처음 상태 그대로 유지되고 이윽고 장기 기억으로 정착한다. 공부한 기억을 오랫동안 지속시키는 방법, 바로 '주기적인 반복 학습'이 키워드다.

성적은
반복에서 오른다

시험을 잘 봐서 성적이 오르는 학생들은 대부분 시차를 두고 같은 내용을 복습하고 또 복습함으로써 배우는 족족 자기 것으로 만든다. 모든 공부는 3회 이상 봐야 자기 것이 되고, 성적도 오른다.

성적을 올리기 위해서는 듣는 데에서 끝낼 것이 아니라 내 것으로 만들어야 한다. 우리가 수업 시간에 배운 것을 장기 기억으로 만들기 위해 1시간 수업당 평균 3시간 자기주도 자습량이 필요하다는 이유가 바로 이 때문이다.

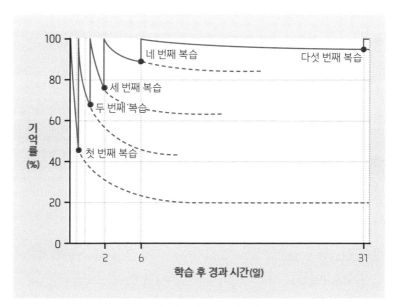

◖ 에빙하우스의 망각 곡선 변형

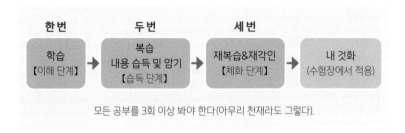

한 번	두 번	세 번	
학습 【이해 단계】	복습 내용 습득 및 암기 【습득 단계】	재복습&재각인 【체화 단계】	내 것화 (수험장에서 적용)

모든 공부를 3회 이상 봐야 한다(아무리 천재라도 그렇다).

세 번은 반복해야 머릿속에 완전히 각인돼 출력을 자유자재로 할 수 있다. 공부 잘하는 학생들은 이 사실을 잘 안다. 수업을 듣는 것에서 끝내면 아무 소용이 없다는 것을, 그래서 집에 가서 수없이 복습해야 한다는 것을 알고 실천하는 학생들만이 본전을 넘어 배의 가치를 얻는다.

지금 다시 한 번 생각해보자. 정말 비싼 수업료를 내고 본전은 가져가고 있는가? 잠시 후면 증발될 기억인지도 모르고 앉아서 듣기만 하는 것으로 끝내고 있지는 않은가?

듣는 공부는
공부한 것으로 치지 말자

분명 열심히 수업을 들었는데 다음 날 '어제 수업 시간에 뭐 했지?' 하고 전혀 기억나지 않은 적이 있는가? 분명 필기도 열심히 했고 선생님 말씀도 귀 기울여 들었는데 다음 날 아침에 일어나고 보니 어럼풋하다. 그래서 '난 머리가 나쁜가봐' 하고 좌절하기도 한다. 자책하지 말자. 앞서 말했듯 이는 당연한 현상이다!

반복적으로 복습하지 않는 것은 공부하지 않은 것이나 마찬가지다. 에빙하우스가 증명했듯 아예 공부하지 않은 학생이나 한 번 공부한 학생이나, 똑같이 머리에 내용이 들어 있지 않기 때문이다.

누구나 며칠 전에 틀렸던 수학 문제를 또다시 틀린 경험이 있을 것이다. 분명히 어떻게 푸는지 공부했는데 하나도 기억이 나지 않은 까닭, 그것은 완벽하게 자기 것으로 만들지 않았기 때문이다.

그런데도 아직 많은 학생들이 주어진 시간 대부분을 듣는 공부에 쓴다. 일과를 수업으로 가득 채우거나, 혹은 중독이라도 된 듯 인강만 무수히 듣기도 한다. 다시 한 번 기억하자. 이 공식!

자기 스스로 공부한 시간 ≧ 수업 듣는 시간

듣는 공부는 성적 향상에 큰 도움이 되지 않는다. 들은 것을 전부 기억할 수는 없기 때문에 듣자마자 전부 자기 실력이 되지는 않는다. 무의식에까지 각인될 정도로 '자기화'가 돼야 시험을 볼 때 자연스럽게 자기 실력으로 써먹을 수 있다!

지금부터는 이렇게 생각하자. 듣는 공부는 공부한 것으로 치지 말자. 수업은 예고편이라 생각하자. 뭘 공부하고 복습할지, 어떤 내용을 자기 것으로 만들어야 하는지, 선생님과 함께 학습 내용을 이해하고, 전반적으로 훑어보는 시간이라고 봐야 한다.

자기주도학습이
진짜 공부다

공부는 크게 두 가지로 나눌 수 있는데, 하나가 듣는 공부(간접 공부), 그리고 다른 하나가 자기 공부(직접 공부)다.

듣는 공부(간접 공부)란 학원, 인터넷 강의, 과외 등 수업 듣는 것을 말한다. 학생들은 흔히 학원, 인터넷 강의, 과외에 쏟는 시간을 공부하는 시간으로 생각하는데, 이 시간들은 다른 사람의 뇌에서 나온 지식을 '듣기만' 하는 과정이기 때문에 실제적인 공부 시간으로 보기 어렵다.

흔한 예를 들어보면, 아무리 수업을 열심히 들은 학생도 1시간 뒤 백지를 주며 수업 내용을 적어보라고 하면 쉽게 쓰지 못한다. 자기 것이 되지 않았기 때문이다. 마찬가지로 문제 풀이 수업을 아무리 열심히 들어봤자 시험장에 가면 원래 자신이 풀었던 방식으로 똑같이 풀어 또 틀려버린다. 다른 사람의 지식이 완벽히 자기 것으로 체화되지 않은 것이다. 입력은 했지만 자기 것으로 만들지 않았기에 다 날아가버리고 출력이 되지 않는다.

자기 공부(직접 공부)란 내가 직접 하는 공부로 흔히 '자기주도학습'이라 이야기한다. 듣는 공부를 전부 자기 공부로 옮겨 와야 한다. 들은 것을 몇 번이고 복습해야 장기 기억으로 넘어가고 자기 실력이 되기 때문이다. 그렇기 때문에 '자기 공부 시간'을 확보하는 것은 굉장히 중요하다.

시험을 잘 보는 학생들은 대부분 자기 공부에 많은 시간을 쓰고, 들은 지식을 몇 번이고 복습해서 배우는 족족 자기 것으로 만들어낸다. 결과적으로 학습 계획을 짤 때 자기 공부 시간이 듣는 공부 시간보다 훨씬 많아야 하는 것이다. 진짜 성적은 자기 공부를 할 때 오른다!

모든 공부가 반복, 반복, 또 반복 복습해야 될 대상이다

성적을 올리기 위해서는 수업을 듣는 것에서 끝낼 것이 아니라 자기 것으로 만들어야 한다. 우리가 수업 시간에 배운 내용을 자기 것으로 만들기 위해서는 1시간 수업당 평균 3시간의 자습이 필요하다. 세 번은 반복해야 머릿속에 완전히 각인돼 자유자재로 출력할 수 있기 때문이다.

예를 들어보자. 많은 학생들이 인터넷 강의를 한 강좌 다 들으면 기뻐한다. '드디어 다 들었다! 공부가 끝났다!'라고 말이다. 하지만 이런 생각은 함정이다. '완강'이 끝이 아니다. 완강을 한 그 순간은 1회 차 공부를 마친 것이고, 단순 이해 단계 상태다. 인터넷 강의에서 배운 내용을 자기 것으로 만들려면 두 번이고 세 번이고 반복적으로 복습해야 한다. 그래야 완전히 뇌에 새겨져 자유자재로 배운 내용을 써먹고 실력을 발휘할 수 있다. 실제 수험장에서는 오직 자기 것으로 만든 지식만이 높은 긴장감 속에서도 무의식적으로 떠올라 답을 맞힐 수 있다.

복습의 중요성, 반복 학습의 중요성은 아무리 강조해도 지나침이 없다. 공부할 때 반드시 시간을 점검하자. 듣는 공부든 혼자서 하는 공부든 여러 번 반복이 가능하도록 시간 배분을 했는가 말이다.

수업은 자습 시간에 뭘 공부해야 할지 알려주는 '예고편'이라고 생각하자. 듣는 공부는 공부한 것으로 치지 말자. 듣는 공부가 아니라 자기 공부를 해야 실력이 쌓이고 성적이 오른다! 자기주도학습이 공부의 가장 기본이다.

03

머리가 나빠서
공부를 못한다?

"위대한 업적을 이룬 것은
힘이 아니라 불굴의 노력이다."

– 새뮤얼 존슨Samuel Johnson

생각보다 많은 학생들이 명문대 진학생은 처음부터 정해져 있다고 여기는 것 같다. 머리 좋은 애들, 자신은 절대 닿지 못할 높은 수준의 애들이라는 어떤 '환상'을 갖고 있다고 느낄 때가 한두 번이 아니다. 하지만 단언컨대 명문대에 진학한 학생들 역시 우리와 똑같은 평범한 사람들이다. 초능력을 가진 것도 아니고, 아인슈타인의 머리를 가진 것도 아니다. 차이가 있다면 자기 공부 시간을 많이 가졌다는 것, 그리고 어떤 일이 있어도 다시 일어나 묵묵히 자신이 가고자 하는 길을 한 걸음 한 걸음 나아갔다는 것이다.

몇 년 전, 4년이라는 긴 도전 끝에 서울대 의대에 합격한 A 군의 수기가 화제가 된 적이 있다. A 군은 경남의 시골 마을에서 태어나 농고에 진학한 평범한 학생이었다. 그런데 그가 고등학교 1학년 때 인생의 물줄기를 바꾸는 사건이 일어났다. 우연히 장승수 씨가 쓴《공부가 가장 쉬웠어요》를 읽은 것이다. 지독한 가난에도 막일을 뛰는 틈틈이 혼자서 공부해 서울대에 수석 입학한 장승수 씨의 이야기를 읽고 '나도 할 수 있겠다'는 마음이 들었다고 한다. 단 한 권의 책이 '누구나 할 수 있다'는 깨달음을 준 것이다.

A 군은 자퇴를 감행, 하루에 5시간만 자며, 1년 남짓한 기간 동안 고등학교 교과서를 중심으로 공부하기 시작했다. 기초 지식이 전혀 없고, 당연히 공부법에 대해서도 아는 것이 전혀 없는 그가 택한 방법은 '무조건 반복적으로 책을 보는 것'이었다.

첫해에 치른 검정고시에서 평균 45점을 맞고 합격한 A 군은 '확신'을 얻었다. '하면 되는구나'라는 확신 말이다. 그러나 다음 해 도전한 수능에서 그는 210점이라는 충격적인 점수를 받았다. 하지만 굴하지 않고 수능에 재도전하기로 마음먹었다. 마음속에 확고한 목표가 있었기 때문이다. '서울대 의대에 합격하는 것.'

재수를 결심하고 A 군은 어떤 조언이나 도움 없이 독학을 시작했다. 그리고 그해 경북대에 합격했다. 부모님을 비롯해 주변 사람들은 농고 자퇴생이 대단하다며 모두 기뻐했다. 하지만 그는 굳이 서울대 의대를 가겠다며 집을 나와 고생스러운 자취 생활을 시작했다. 다들 미쳤다고 했지만, 꿈이 있었기에 그는 다시 공부를 시작할 수 있었다. 그의 글 가운데 인상적인 대목을 잠시 소개할까 한다.

"나는 이런 사람들을 많이 봤다. '집안에 돈이 없어서 뒷바라지가 안 되니 나는 안 될 거야.' '솔직히 노력한대도 된다는 확신이 없어요.' '서울대 가는 사람은 정해져 있다.' 이런 식으로 자기를 합리화하는 사람들 말이다. 이런 사람들의 솔직한 속마음을 들여다보면 언제나 불평과 불만, 핑계로 가득 차 있다. 인간에게는 무한한 가능성과 그 일을 해낼 수 있는 잠재력이 있음에도 불구하고 이것을 노력을 통해 끄집어내 사용하려 하지 않는다. 주위에서는 시골에서 상경한 촌놈인 나를 두고 서울대 의대는커녕 서울대조차 절대 가지 못할 거라고 단정 지었다. 그러나 나는 이런 개인의 가치관에서 나오는 말들이 우습다. 자신들이 신도 아닐 뿐더러 미래를 볼 수 있는 것도 아니면서 어떻게 100% 확신한단 말인가? 이런 사람치고 제대로 된 사람을 보지 못했다."

A 군은 주변 사람들의 평가에 귀 기울이기보다 자기 내면의 잠재력을 힘껏 끄집어내기로 마음먹었다. 어릴 적에 들은 이야기가 생각났기 때문이다. 아인슈타인마저 뇌가 가진 능력의 10%도 채 쓰지 못했다. 희대의 천재조차 잠재력을 전부 쓰지 못한 것이다. 평범한 사람들은 더하다. 인간은 뇌세포가 약 160억 개 정도 되지만 대부분이 3~4%밖에 사용하지 못한다는 사실을 되새겼다. 누구에게나 아직도 발휘할 수 있는 능력이 90% 이상 남아 있다. A 군은 그 가능성을 믿고 전력투구해 자기 능력을 전부 끄집어내기로 마음먹은 것이다.

A 군은 자취를 하면서 학원에 다니기 위해 새벽마다 신문을 배

달하고 라면으로 끼니를 때우며 열심히 공부했다. '우리 집이 부유하다면 공부에만 몰두할 수 있을 텐데'라는 생각이 들 때면 더 열악한 상황에서도 성공해낸 장승수 씨를 생각하며 힘을 냈다.

어려운 상황에 처한 사람은 대부분 자기가 가장 불행하다고 생각한다. 하지만 그보다 훨씬 더 어려운 환경에 처해 있는 사람은 얼마든지 있다. 그런 사람들을 생각하면 의지가 생겨난다.

A 군은 그 뒤로 연거푸 세 번이나 고배를 마셨지만 계속해서 자신보다 힘든 사람들을 생각하며 고난을 이겨냈다. 불평하지 않고 자신의 지금 상황을 받아들이고 최선을 다하는 자세가 현실을 바꾼다고 생각한 것이다.

4년 동안 최선을 다한 결과, A 군은 수능에서 0.1% 안에 드는 기적을 일궈냈다. 그리고 드디어 서울대 의대에 합격했다. 합격한 그는 이렇게 말했다.

"이런 말을 들은 적이 있다. '서울대는 선택받은 수재만 간다.' 나는 이 말을 이렇게 해석한다. '서울대는 포기하지 않고 노력하는 사람들만이 간다.' 서울대생들은 서울대를 우수한 수재들의 모임이 아니라 성실하고 부지런하며 최선의 노력을 하는 사람들의 모임이라 자부한다. 흔히 서울대생들을 보면 머리가 좋을 거라고 생각하는데, 인간은 아인슈타인 같은 희대의 천재나 바보가 아닌 이상 거기서 거기다. 나는 이 점에 진심으로 동감한다."

누구나 간절히
공부를 잘하길 바란다

"선생님, 저는 머리가 나쁜 것 같아요. 다른 애들은 태어날 때부터 머리가 좋았던 거 같은데, 저는 왜 이렇게 공부를 못할까요? 제 인생에 답이 있을까요?"

이렇게 묻는 학생들에게 나는 A 군의 이야기를 들려주곤 했다. 그리고 놀랍게도 이야기를 들은 학생들이 차츰차츰 변해갔다. A 군의 이야기가 장승수 씨의 경우처럼 많은 학생들에게 영감과 깨달음을 준 것이다. 명문대는 선택받은 아이들이 가는 데가 아니라는 것, 자신보다 공부를 잘하는 아이가 있다면 그것은 자신보다 머리가 엄청나게 뛰어나서가 아니라 아주 열심히 노력하기 때문이라는 것을 말이다. 누구나 아직 개발하지 않은 머리를 많이 써주고, 열정적으로 공부해나가면 길은 반드시 열린다. 쓰면 쓸수록 두뇌는 진화하기 때문이다.

명문대에 진학하는 학생이 처음부터 정해져 있는 것은 아니다. 장승수 씨나 서울대 의대에 합격한 A 군, 그 밖에도 성적이 바닥이었지만 끝내 목표를 달성한 수많은 학생들이 이를 증명한다. 처음에는 자신의 지금 실력으로는 할 수 없을지도 모르는 일에 도전한다. 그리고 피나는 노력을 통해 기어이 그 점수를 돌파해버린다. 다음에는 한층 더 목표를 높여 도전을 하고 성취한다. 이런 과정의 반복이 그 사람의 처음 모습으로는 생각하기 힘든 놀라운 결실을 만들어내는 것이다.

어떤 사람들은 조금만 목표를 높게 잡아도 불가능하다고 말한다. 그러나 이것은 눈에 보이는 것만 곧이곧대로 믿는 사람의 엄청난 착각이다. 사람은 누구에게나 무한한 가능성과 그 일을 해낼 수 있는 능력이 있다. 불가능하다고 생각한 순간, 그것은 정말 불가능해지지만 가능하다고 생각한 순간, 가능한 구석이 생긴다.

나는 언제나 학생을 대할 때 그의 성적이 아니라 그의 '생각'을 본다. 성적은 좋은데 "모르겠어요. 되는 대로 가려고요"라며 흔들리는 학생과 상담하고 있자면 미래마저 불투명해 보인다. 희한하게도, 공부를 잘하고 성적이 좋아도 생각이 명확하지 않은 학생들은 수능에서 그리 좋은 결과를 거두지 못한다. 반대로 성적은 낮아도 "저는 무조건 서울대 갈 겁니다!"라고 당당하게 눈빛을 번뜩이며 말하는 학생들, 명확한 목표가 있는 학생들은 실력과 상관없이 기필코 꿈을 이뤘다. 다만 시간이 걸릴 뿐이었다.

그러니 원하는 자기 모습이 있다면 지금부터 생각을 바꾸자. 그리고 구체적으로 말하자. 내가 원하는 나를 직접 만들 수 있다. 하면 된다. 머리는 쓰면 쓸수록 좋아진다. 내 안에 미처 발굴하지 못한 엄청난 잠재력이 있다. 명문대생은 만들어진다.

04

남을 위한 공부 vs
나를 위한 공부

"당장 편하자고 남의 손을 빌리면
성공의 기쁨도 영영 남의 것이 된다."

– 앤드루 매슈스Andrew Matthews

꿈꾸고 원하는 인생을 살기 위해서는 간절한 마음으로 자신을 위한 공부를 해야 한다. 부모님을 위해서, 다른 누군가를 의식해서가 아니라 순수하고 절실한 나만의 숭고한 꿈을 위해 공부해야 좋은 성적을 거두고, 좋은 대학을 나오고, 나아가 자신의 미래를 가시덤불이 아닌 평탄한 길로 이끌 수 있다.

부모님을 위해 공부하는 건지, 자신을 위해 공부하는 건지 알 수 없는 학생들이 종종 학원을 찾아오곤 한다. 학원 선택부터 공부 스케줄 등 하나부터 열까지 부모님이 모든 계획을 짜준다. 우리 학원에서는 이런 학생을 철저히 배제한다. 우리 학원은 성적으로 학생을 가르지 않는다. 지금 성적이 뛰어나게 우수하든, 현저하게 낮든 이는 중요하지 않다. 오직 학생의 열성을 본다. 어설픈 마음가짐으로 시작했다가는 성적을 올리기는커녕 좌절만 맛볼 것이기 때문이다. 남을 위한 공부가 아니라 나 자신을 위한 공부다. 내 인생을 위해, 내 꿈을 이루기 위해 본격적으로 공부해나가야 하기에 공부 전쟁에 참전하기 전, 마음가짐을 새롭게 해야 한다.

누가 내 짐을 대신 져줄 거라는
환상을 버려야 한다

자기 관리를 하지 못하고, 다른 누가 자신을 어떻게 해주길 바라는 마음, 이러한 환경에 대한 맹목적인 믿음과 의존은 결국 크나큰 좌절을 부른다.

"학원이 책임져주겠지."

"그 선생님만 따라가면 1등급 받겠지."

하지만 그 누구도 책임질 수 없다. 자신을 제외하고 말이다. 유명 학원도, 유명 강사도, 자신을 책임지지 못하는 사람의 짐을 대신 져줄 수 없다.

스스로가 먼저 정신을 똑바로 차려 수업을 듣고 공부의 중심을 잡지 않으면, 아무리 유명 학원에 다니더라도 아무런 내실 없이 그저 허송세월할 뿐이다. 유명 강사의 인터넷 강의를 완강한들 자기 것으로 만들지 못하고 무용지물이 된다. 오히려 열악한 환경 속에서도 묵묵히 자신만의 공부를 해나간 학생이 좋은 성적을 받는 경우가 많다. 얼마든지 자기 공부 시간을 가지며 반복 복습할 수 있기 때문이다.

남을 믿지 마라. 자신을 믿어라. 엄청난 고수에게 싸움 전술을 전수받은들 자기 혼자 연습해보지 않는다면 과연 실전에서 써먹을 수 있을까? 오히려 산속에 들어가 열악한 환경에 독기를 품고 혼자서 몇 번이고 치열하게 노력한 자가 더 가능성이 있을 것이다. 누구도 자신의 싸움을 대신해줄 수 없다.

누군가가 자신의 짐을 대신 져줄 거라는 환상을 버리는 것에서부터 진짜 공부가 시작된다. 이를 강조하는 이유는 많은 학생이 불안한 마음에 '이 수업을 들으면 시험을 잘 볼 것 같다', '과외를 받으면 성적이 오를 것 같다'는 생각에 쉽게 빠져들기 때문이다. 자기 자신의 운명을 환경에 맡기는 것만큼 어리석은 일도 없다. 누구도 내 인생을 대신 살아줄 수 없다. 설사 부모님이라 하더라도 말이다.

내가 원하고 꿈꾸는 위치에 오르기 위해서는 나 자신이 주도권을 쥐어야 한다. '내가 어떻게 이런 상황을 만들었지? 어떻게 해결할까? 지금 이 현실을 바꾸기 위해서 어떻게 환경을 이용해야 할까?' 스스로 치열하게 고민하는 것이다. 그런 뒤에 아무리 고민해도 자기 능력으로 해결되지 않는 부분이 있다면, 도움받을 수 있는 환경을 직접 찾아 나서자. "제가 ○등급인데 이런저런 파트가 부족합니다. 제가 이 부분을 해결하는 데 어떻게 도와주실 수 있나요?"라고 적극적으로 자세히 묻는 것이다. 일방적으로 기댔다간 비효율적인 공부를 하기 십상이다. 자신의 운명을 바꿀 힘, 그것은 남이 아닌 우리 자신에게 있다.

질문 한 번 안 하는 학생 vs 어떻게든 더 얻어 가려는 학생

많은 학원, 많은 인터넷 강의 업체가 자신들만 따라오면 좋은 성적을 얻을 수 있다고 주장한다. 하지만 이는 사실이 아니다. 수업을 들을 때에는 마냥 따라갈 것이 아니라 이용할 줄 알아야 한다.

학원에 온 아이들을 관찰해보면 크게 두 부류가 있음을 알게된다. 한 부류는 입도 벙긋하지 않고 조용히 수업만 듣는 학생, 다른 한 부류는 어떻게든 강사를 귀찮게 하는 학생이다. 언뜻 조용히 다니는 학생 쪽이 더 모범적으로 보이지만, 사실은 가장 손해 보는 케이스다. 조용히 수업만 들든 강사를 쫓아다니든, 모두 수업료는 똑같다. 적극적으로 선생님을 찾아가 더 많이 물어보고 귀찮게 하는 학생이 얻어 가는 게 훨씬 많다.

하나라도 더 얻어 가려는 학생은 쉬는 시간마다 와서 질문하고, 선생님들에게 자진해서 상담을 요청하고, 득이 되는 조언이든 나쁜 조언이든 모두 새겨듣는다. 또 조언을 받으면 혼자서 적용해보고, 노력해보고, 그래도 안 되는 것은 도움을 청하는 등 학원에서 얻어

갈 수 있는 모든 것을 누린다.

선생님 입장에서도 아무 말 없이 조용히 있다 가는 소극적인 학생보다는 스스로 부족한 점을 파악해서 질문하고, 고민 있으니 도와달라고 부탁하는 적극적인 학생을 더 도와주기가 쉽다. 이런 학생은 다른 학생들보다 더 많은 가르침을 얻고, 더 많은 학습 노하우와 정보를 손에 넣을 수 있게 된다.

'자기 자신을 키우는 일'에
온 힘을 다하자

사실 공부는 '능력'을 가진 어엿한 성인으로 성장하는, 철저한 독립의 과정이기도 하다. 곧 성인이 돼 학교를 벗어나고, 또 부모님을 벗어나 자신의 인생을 결정하게 될 것이기 때문이다. 멋진 성인이 돼 원하는 인생을 산다면 얼마나 좋을까. 그러기 위해서는 '자신을 키우는 일'에 마음껏 집중할 수 있는 학창 시절에 부지런히 자신을 키워봐야 한다. 마치 나 자신의 부모가 된 것처럼, 어린 나를 적극적으로 키워내는 것이다.

결과에 책임을 지는 것도 나고, 결국 매 순간 자신의 인생을 사는 것도 나다. 멋진 나를 만들기 위해 온 힘을 다하자.

스스로에게 외쳐라. "나 자신을 키우는 것은 나다." 이 사실을 명심하고 공부를 시작한다면 어느 날, 목표를 향해 매일매일 꾸준히 열심히 노력하는 자신을 발견하게 될 것이다. 그때의 뿌듯함과 자랑스러움이 큰 자산이 될 것이다. 스스로를 믿고, 자신의 손으로 자신의 인생을 바꿀 것임을, 자신 안에 그럴 능력이 있음을 확신하게 될 것이기 때문이다. 다시 한 번 외치자!

"내 인생은 내가 만든다.

왜냐하면 내가 힘을 가졌고, 내 인생은 내가 만드니까.

내 인생에 힘을 가진 쪽은 환경이 아니고 나다!

이제 내 인생을 바꿀 것이다.

내 인생을 지배하는 것은 나니까."

05

기초가 부족하다고
겁내는 아이들

"제대로 배우기 위해서는
거창한 능력이나 돈이 필요하지 않다.
스스로를 개선하고자 하는 열망이 필요할 뿐이다."

– 애덤 쿠퍼Adam Cooper

고교 야구 선수 출신이 사법 고시에 합격해 화제가 된 적이 있다. 인하대 법학과 4학년이던 2010년에 사법 고시에 합격한 이종훈 씨가 바로 그 주인공이다. 놀라운 사실은 그가 고등학교 2학년 때 전교생 755명 중 750등, 반 인원 52명 중 51등이었다는 점이다. 한때 꼴찌였다고 해서 영원히 그대로란 법은 없음을 새삼 실감했다.

한 인터뷰에서 이종훈 씨는 야구 대신 공부를 택한 이유를 이렇게 밝혔다.

"야구를 누구보다 좋아했고 열심히 했지만 야구 선수로서의 비전이 보이지 않았습니다. 결국 고등학교 2학년 10월에 선수 생활을 접었죠. 그렇게 야구를 그만두고 공부를 시작하려고 하니 정말 막막했습니다. 공부에 대해서는 아는 게 하나도 없었거든요. 중학교 때는 수업에 들어가긴 했지만 전날 한 운동 때문에 피곤해 대부분 잠을 잤고, 고등학교에 진학하면서부터는 1교시만 듣고 바로 운동을 했기 때문에 공부와 담을 쌓고 지냈다고 해도 과언이 아니었습니다."

이종훈 씨는 열아홉 살에 중학교 1학년 영어와 수학 교과서를 펼쳤다. '야구 선수로서 한 번 실패한 이상 새로운 목표와 비전을 가지고 공부라도 잘해야 한다'는 심리적 압박감 속에서 지독하게 공부했다고 한다. 중학교 과정을 대략 6개월 정도에 마쳤고, 고등학교 1학년 과정부터는 차근차근 공부해나갔다. 그러나 고등학교 1~2학년 내신이 바닥이었기 때문에 고등학교 3학년 10월에 결국 자퇴했다.

치열하게 공부한 덕분에 이듬해, 이종훈 씨는 인하대 법학과에 입학할 수 있었다. 물론 대학 생활 역시 고난의 연속이었지만, 그는 남보다 몇 배로 공부했고, 마침내 2010년 사법 고시에 합격하기에 이르렀다.

때늦은 공부란 없다. '지금부터 시작이다'를 외쳐라! 이종훈 씨가 고3 때 만든 영어 단어장을 보면 'Daddy', 'Mommy'도 몰라서 적어냈다. 그 옆에는 발음 기호가 아닌 한글로 '대디', '마미'라고 써냈다. 이렇게 배운 것이 없어 기초부터 다져야 하는 것도 문제였지만, 더욱 힘들었던 것은 책상에 앉아서 공부를 해내는 것이었다고 한다. 책상에 앉아 있는 습관조차 없었던 것이다. 그래서 견디기 힘들 때마다 자신이 되고자 하는 모습과 비전을 떠올리며, 스스로를 독려하고 채찍질하며 조금 더 붙어 있으려 노력했다. 그는 말한다. 공부도 습관이다. 책상 위에서 치열하게 버텨라.

"공부는 관성입니다. 두세 달만 고생하면 공부하는 습관이 자리를 잡습니다. 저도 처음에는 좀이 쑤셔서 몸살이 날 정도였죠. 하지만 일단 '책상에 앉고 보자', '일단 독서실로 들어가자'고 마음먹으니 자연스레 공부가 생활이 되더라고요."

전교 꼴찌나 다름없었던 그에게 있어 공부는 쉽지 않은 선택이었을 것이다. 그럼에도 불구하고 그는 과감히 공부에 뛰어들었다. 자신의 인생이 그대로 무너지는 것을 용납할 수 없었던 것이다. 야구 선수로서의 실패를 공부에서 만회하고자 했다. 그래서 공부하는 과정 속에서 순간순간 포기하고 싶은 마음이 들 때마다 스스로를 설득하고 자신을 키워나갔다.

태어나 처음으로 공부를 시작한 지 2년 만에 인하대 법대 합격, 졸업반인 4학년 때 사법 고시에 당당히 합격한 그는 과거의 자신보다 공부를 못하는 사람은 아마 거의 없을 것이라고 말한다. 자신처럼 스스로가 마음을 굳게 먹고 차근차근 공부해나간다면 누구라도 충분히 해낼 수 있다고 이야기한다. 자신이 포기하지 않는 한 인생에서 성공할 수 있는 기회는 얼마든지 있기 때문이다.

스스로 공부하는 시간의
강력한 힘

자기주도학습 학원을 운영하면서 '스스로 공부하는 시간에는 힘이 있다'는 사실을 유독 생생하게 느낄 때가 있다. 정말 밑바닥이었던 학생이 꾸준히 공부한 끝에 성적이 눈부시게 오르거나, 잔뜩 주눅이 들어 찾아왔던 학생이 자신과의 치열한 싸움을 거치며 어느새 멋지게 성장한 모습을 볼 때면 학생들 안에 무궁무진한 가능성이 숨 쉬고 있다는 것을 새삼 깨닫고, 끝까지 자기 자신을 믿고 기어이 해낸 학생들이 너무나 자랑스럽다.

"선생님, 저는 공대를 졸업하고 회사에 취직했었어요. 그런데 하는 일이 적성과 통 안 맞고 회사 생활도 앞이 안 보이더라고요. 그런데 제 형은 한의원을 해요. 형이 일하는 모습을 보니 '저게 내가 하고 싶은 일이구나' 하는 느낌이 왔어요. 그래서 다시 입시에 도전하려고요. 제가 해낼 수 있을까요? 여기서 꼭 공부하고 싶습니다."

어느 날, 예의 바르고 단정한 30대 초반의 남자가 나를 찾아왔다. 박 군은 대학을 졸업한 지 10년이 다 돼 공부한 것을 모조리 잊은 상태라 재도전이 그리 쉬운 일은 아니었다. 하지만 본인의 의지가 강하고, 독학 특별 관리 시스템에서 공부하기를 간절히 원해 입학과 함께 학습 관리를 받게 됐다.

박 군은 공부에서 손을 놓은 지 오래라 성적이 바닥이었다. 원하는 한의대에 가려면 중학교 공부부터 해야 하는 상황이었다. 하지만 그에게는 엄청난 무기가 있었다. 바로 '혼자 공부할 수 있는 시간'이 많다는 것!

박 군은 학원에서 하루 12시간씩 공부에 매진했다. 확고한 목표에 맞춰 지금 자신에게 필요한 수업을 과목별로 선택해 들었다. 1시간 인터넷 강의를 들으면 1시간씩 간격을 두고 세 번, 총 3시간 정도 복습했다. 상담을 통해 계획을 세우고, 이에 맞춰 시간을 관리했다. 또 혼자서는 이해 가지 않는 내용이나 모르는 문제는 선생님에게 질문하면서 철저하게 공부했다.

6등급 이하인 성적을 하루아침에 올릴 수는 없었다. 하지만 그는 흔들리는 법이 없었다. 나 또한 행여나 성적 때문에 힘들어할까 봐 만날 때마다 꼭 해낼 수 있다고 독려했다. 박 군보다 더 성적이 좋지 않았던 학생이 모든 영역에서 1등급을 받은 경우도 있었고, 악조건 속에서도 목표 대학에 합격한 학생들이 많았기 때문이다. 그런 수많은 사례가 크나큰 동기 부여가 됐다고 한다.

하지만 안타깝게도 도전 첫해에는 한의대에 들어갈 수가 없었다. '여기서 끝내는 건 아닐까?' 우리 모두 안타까웠다. 열심히 노력했고, 실력이 계단식으로 쌓여가는 중이라는 것이 경험상 훤히 보였기 때문이다. 하지만 진로는 본인밖에 결정할 수 없으며 공부 역시 혼자서 해내는 것이었기에 가능성이 있다며 강요할 수는 없었다. 그러던 중 박 군이 다시 나타났다. 짧은 기간에 다해내지 못한 공부를 중도에 포기하지 않고 새로운 도전을 시작한 것이다. 이번에는 확실히 성공하리란 예감이 들었다.

결국 다음 해 겨울, 박 군은 처음 목표했던 한의대에 합격하는 쾌거를 이뤘다. 그에게서 합격했다는 전화를 받고 나는 그가 너무나 기특하고 기뻐서 눈물이 다 나오려 했다. 끝까지 자세를 흩뜨리지 않고 불굴의 의지로 자신과의 싸움에서 승리한 그에게 큰 감명을 받았다. 다시금 스스로 공부하는 시간에 엄청난 힘이 잠재해 있다는 사실을 깨달은 순간이었다.

스스로 공부하는 학생은 정확하게 자신을 알고 있고, 자기 실력을 인정한다. 지금을 시작점으로 잡고 실력을 향상하기 위해 매일같이 노력한다. 어제보다 나은 오늘, 오늘보다 한 걸음 더 나아가는 내일을 만들기 위해 매일 기록을 경신한다. 넘어지고 깨지더라도 언제나 고지를 향해 나아간다. 그러는 사이에 점차 내공이 쌓이고 실력이 붙는다. 나중에는 좀처럼 흔들리지 않는 탄탄함을 손에 넣는다.

공부에 자신 없는 학생일수록 혼자서 해보자. 그러면 자기 실력을 정확히 알게 되고, 방법을 찾게 되고, 그대로 실천하게 된다. 때로 시행착오를 겪더라도 이렇게 꾸준히 반복하다보면 어느새 내공이 쌓인다. 혼자 공부하는 자는 강해진다. 스스로 해보는 과정 속에서 힘이 자라난다.

06

스스로를 포기할 것인가,
믿어줄 것인가

"용기란 자기 자신을 굳게 믿는 것이다.
그러나 아무도 그것을 가르쳐주지 않는다."

– 엘 코르도베스 El Cordobés

우리나라 청소년들은 수동적인 공부에 익숙하다. 어려서부터 혼자
하는 법 없이 옆에서 누가 해주다보니 참고 기다리지를 못한다. 꿈
을 이루어가는 과정조차 인내하지 못한다. 어느 날 갑자기 성적이
오르기만 바라고, 자신의 꿈을 향해 꾸준히 노력하며 열매가 맺힐
때까지 열정을 유지하지 못하는 것이다. 그중에서도 가장 안타까운
경우가 1년 내내 잘 공부하다가 수능을 한 달 정도 앞두고 포기하
는 학생들이다.

"선생님, 유학 가기로 했어요."

"그냥 입대할까 하고요."

"저, 헝가리 의대에 가려고요. 우리나라에서 자격시험을 볼 수 있대요."

이런 아이들은 자기 자신과의 싸움을 피하려 한다. 우리나라에서는 힘들고 자신도 없어서 유학을 핑계로 도망치고 싶은 것이다. 당장의 압박을 이겨내지 못하고 군대로 상황을 모면하고 싶은 것이다. 이대로는 가능성이 적어 보이니 헝가리에 가서 쉽게 의사가 돼 보겠다는 것이다. 하지만 의사 국가 고시 전에 보는 자격시험부터 합격률이 1~3%에 불과하다. 결국 지금 여기서 자신을 이겨내지 못하면 어디를 가든 해내지 못한다. 자신과의 싸움은 반드시 한 번은 이겨내야 할 인생의 싸움이다.

자기주도학습은
자신과 싸우는 과정이다

꿈을 이루려면 먼저 자신을 넘어서야 한다. 나태하고 쉬고 싶은 자신을 이기려면 첫째, 독해야 한다. 독한 것은 나쁜 것이 절대 아니다. 독하다는 것은 자신의 미래를 위해, 누구나 하는 것일지라도 과감히 포기할 줄 아는 것, 강한 의지로 실천해내는 인내의 마음가짐을 말한다. 꿈을 이루기 위해서는 꿈만을 바라보며, 유혹을 이겨내고 욕망을 참고 절대 흔들리지 않아야 한다.

둘째는 마인드 트레이닝이다. 나는 매일같이 학생들에게 자신을 위해 마인드 트레이닝을 하라고 이야기한다. 이제 스무 살 전후의 성인이 됐으니 다른 사람이 칭찬해주기를 바라지 말고, 위로해주기를 기다리지 말라고 한다. 아침 일찍 일어나 거울을 보며 자신을 향해 소리 내어 열 번씩 외쳐보라고 한다.

"오늘도 난 할 수 있다."
"반드시 이루어낸다."
"나는 강한 사람이다."

목표에 집중하면 자연히 자신을 이기게 된다. 주위를 돌아보면 공부를 방해하는 유혹이 참 많다. 쉬고 싶고, 인터넷도 하고 싶고, 친구들하고 게임하며 놀러 다니고도 싶다. 하지만 이런 유혹에 휘둘리다보면 시간은 속절없이 흘러가버리고, 남는 것은 허망함뿐이다. 진정한 꿈이 있다면 사소한 유혹은 포기할 줄 알아야 한다.

셋째, 자신이 이룰 것들에 욕심을 가져야 한다. 하고 싶은 것, 갖고 싶은 것, 이루고 싶은 것이 명확하다면 저절로 공부하는 계기가 마련되는 셈이다. 공부 잘해서 돈을 많이 벌고 싶다. 출세해서 사회적으로 인정받고 높은 지위를 얻고 싶다. 고급 차를 타고 멋진 집에서 살고 싶다. 이상에 맞는 아름다운 배우자를 얻고 싶다. 이런 강한 욕망이 있어야 독하게 시험공부에 매진할 수 있다. 자기 발전을 향한 긍정적인 욕심이라면 그것은 정상적인 인간의 본능이며, 칭찬할 만하다.

성공 체질로 바꿔주는
자기 주도 트레이닝

헤르만 헤세Hermann Hesse의 《데미안Demian》을 읽으면 "새는 알을 깨고 나온다. 알은 새의 세계다. 태어나려는 자는 한 세계를 파괴해야만 한다"라는 유명한 구절이 나온다. 알을 깨지 않고는 결코 새가 될 수 없다. 나비 역시 번데기를 벗어나지 않고는 아름다운 성충이 될 수 없다. 새가 알을 깨고 나오듯 과거의 나태한 자신에서 과감히 탈피해야 한다. 태어나려는 자는 알이라는 한 세계를 파괴해야만 새가 돼 세상을 날 수가 있는 것이다.

결국 최후의 승리는 자신을 이겨내고 인내하는 사람에게 돌아간다. 그러니 자신을 이기기가 힘들다고 떼를 쓰거나 거창하게 이유를 달지 말자. 조금만 더 해보겠다는 의지를 가져보자. 우리는 보통 성공이 빨리, 높이 올라가는 것이라고 생각하지만 그렇지 않다. 성공은 우리가 넘어졌을 때 몇 번이나 끈질기게 다시 일어나서 그 꿈을 추구하느냐에 따라 판가름 난다.

항상 나 자신을 채찍질하여 내 안에 있는 '부지런한 나'와 '게으른 나'가 싸울 때, 부지런한 나가 그 싸움에서 이김으로써 스스로를 점점 더 발전시켜 나가야 한다. 삶 속에서 매순간 나 자신과의 싸움이 존재하는데, 그때마다 내 힘으로 게으르고 부정적인 나를 이겨야 한다.

자기주도학습은 자신과 싸우는 과정이다. 욕심내서 준비하는 시험에 목숨 걸고 도전하자. 힘들더라도 참고 이겨내 승리의 기쁨과 합격의 영광을 온전히 누리기를 바란다. 합격 후에는 인생이 달라져 있을 것이다. 어떤 시험이건 열심히 준비해 성공해냈을 때는 인생이 정말 달라진다. 진정한 프로는 공부로 만들어진다. 죽어라 하는 공부가 결국 자신을 살린다.

CHAPTER
2

혼자 하는 공부가
진짜 공부다

STEP 1

계획 세우기 STEP 2

STEP 3

STEP 4

STEP 5

"나는 내가 찾는 길을 발견했다.
앞으로 나아갈 수 있는 결단력을 끌어내는 길도 알았다.
그리고 마음으로 몸에 기적을 일으킬 수 있음도 배웠다.
바로 이렇게 말하면 된다.
'난 할 수 있어. 난 정말 해낼 수 있어.'"

– 욘 에릭슨 John Ericsson

01

왜 스스로 공부하기가
힘들까

> "모두가 부러워할 만한 일을 하고 있는 사람이라면
> 틀림없이 혼자 있는 시간에 무엇을 해야 하는지 알고 있다."
>
> – 사이토 다카시 齋藤孝

"마음은 정말 미친 듯이 열심히 하고 싶은데, 실제로는 공부가 너무 하기 싫어요."

공부를 시작한 지 얼마 되지 않은 학생이 볼까지 상기돼서 나를 찾아와 울먹였다. 이 친구뿐 아니라 사실은 많은 학생들이 내게 같은 고민을 토로한다. 공부를 정말 열심히 하고 싶은데 혼자서 하기가 너무 힘들다고 말이다. 희한하게도 내가 내 마음대로 되지 않을 때가 있는 것이다. 공부를 하기 싫은 것은 아닌데 행동으로 옮기기가 너무 어렵다. 왜 스스로 공부하기가 이렇게 힘들까?

답은 학생들의 일상 속에 있다. 요즘 아이들은 학교 수업이 끝나면 곧바로 학원에 가기 바쁘다. 매일 여기저기로 '듣는 공부'만 하러 다닌다. 꼼짝 않고 집중해서 듣는 것도 '일'이다. 그러니 학생들의 마음속에는 늘 쉬고 싶은 보상 심리가 쌓여 있다. 피로도도 상당하다. 그래서 일과를 마치고 집에 오면 밤늦게까지 스트레스를 푸는 것이다. 자극적인 인터넷, 스마트폰 세상 속을 헤매다 잠이 든다.

하루 종일 자기 주도적으로 하는 활동은 거의 없고, 대부분 주입되는 정보를 '받아들이기만' 하는 활동뿐이다. 일방적으로 진행되는 선생님의 수업을 듣고, 쉴 때도 스마트폰, 인터넷, 게임 등을 하며 계속 자극을 받는다. 늘 누군가가 시키는 공부에 익숙하다. 공부뿐 아니라 '스스로' 뭔가를 하는 법을 익히지 못하고 커버렸다. 자기 인생인데, 남에게 운전대를 맡기고 조수석에 앉아 바라만 보는 것이다. 그러다 갑자기 직접 운전대를 잡고 자기 인생을 운전하려니 버겁게 느껴진다. 공부를 혼자서 하려니 뭘 어떻게 해야 할지 몰라 머리가 멍하고 자신이 없어질 수밖에 없는 것이다. 학생들이 스스로 공부하는 것을 힘들어하는 것도 당연하다.

하지만 아직 늦지 않았다. 지금부터라도 공부를 잘하고 싶다면 내 인생의 운전대는 내가 잡는 연습을 자꾸만 해봐야 한다. 뭔가를 이루고자 한다면 혼자서 열심히 연마하고 실력을 쌓는 시간이 꼭 필요하다.

마음 굳게 먹고 한자리에 앉아 공부에 파고들어본 적 없는 학생이 하루에 열 시간, 열두 시간씩 스스로 주도하는 학습을 하려면 한 달 정도는 적응 기간이 필요하다. 늘 시키는 것만 하다가 자기가 직접 해보면 재미는 있지만, 아직 체화가 되지 않아 몸이 아프고 정신력도 안 따라주기 마련이다. 하지만 그럴 때일수록 조금만 더 오기를 갖고 스스로 해보려 하고, 차근차근 조금씩 걸음을 내딛다보면 어느새 원하는 경지로 가는 문이 활짝 열린다.

"훈련을 하다보면 늘 한계가 온다. 근육이 터져버릴 것 같은 순간, 숨이 턱까지 차오르는 순간, 주저앉아버리고 싶은 순간, 이런 순간이 오면 가슴속에서 뭔가가 말을 걸어온다. '이 정도면 됐어', '다음에 하자', '충분해' 하는 속삭임이 들린다. 이런 유혹에 문득 포기해버리고 싶을 때도 있었다. 하지만 이때 포기하면 안 한 것과 다를 바 없다. 99도까지 열심히 온도를 올려놓아도 마지막 1도를 넘기지 못하면 영원히 물은 끓지 않는다고 한다. 물을 끓이는 건 마지막 1도, 포기하고 싶은 바로 그 1분을 참아내는 것이다. 이 순간을 넘어야 그다음 문이 열린다. 그래야 내가 원하는 세상으로 갈 수 있다."

— 《김연아의 7분 드라마》 중에서

세계 피겨의 여왕 김연아, 그녀도 금메달을 따기 위해 늘 지독한 자기 주도 싸움을 해왔다. 대충 하고 싶은 마음, 적당히 노력해도 결과가 나오겠지 하는 막연한 기대심, 누구나가 이런 유혹에 시달린다. 이 유혹을 이겨내고 싶다면 마음가짐을 살짝 바꿔보자. '조금 더 해보자'는 마음을 먹고, 내 인생 내가 하고 싶은 대로 운전하기 위해 마지막 1도를 더 끓여내는 것이다.

잘되지 않는다고 걱정하지 마라. 여러분만 어려움을 겪는 것이 아니다. 모든 학생들이 똑같은 어려움을 겪고 있다. 나는 학생들이 '왜 혼자 공부하기 힘들까'라며 고민해보기 시작할 때 비로소 자기 상태에 대해 인식하고, 제대로 '자기주도학습'을 시작하는 과정에 들어섰음을 느낀다.

실력은
혼자 있는 시간에 쌓인다

많은 사람들이 혼자 있는 것을 두려워한다. 공부도 마찬가지다. 혼자서 공부하는 게 힘든 이유는 고독 때문이다. 교과서를 보는 시간도, 문제집을 풀고 채점하는 시간도 모두 혼자서 견뎌야 한다.

그 잠깐도 견디지 못하는 학생들이 많다. 의자에 앉아 몸을 비비 꼬다가 벌떡 일어나서 친구들을 찾는다. 그것도 아니면 스마트폰, 인터넷, 텔레비전 속으로 들어가 다른 사람과 함께 있는 기분을 느끼고 싶어 한다. 또다시 의존적으로 구는 것이다. 혼자서 공부하는 시간을 참지 못하고, 유명한 학원을 찾고 정보를 공유한답시고 친구들과 몰려다니며 시간을 낭비한다. 같이한다고 해서 다 좋은 영향을 주고받는 것도 아닌데 말이다.

자기주도학습의 시작은 '혼자 있는 시간의 힘'을 아는 것에서부터 시작한다. 자기 주도력이란 자신의 '시간'과 '인생'을 주도하는 힘이다. 스스로 '목표'를 설정하고 그 목표에 도달하기 위한 '계획'을 세우고 혼자서 '실천해내는 힘' 말이다. 세상 사람들이 부러워하는 일을 하는 사람들은 모두 혼자 있는 시간의 힘을 알고 있다. 타인과 함께 있으면 정신이 분산돼 뭔가가 쌓이기 쉽지 않다. 반면 혼자 있는 시간에는 모든 정신을 하나로 모아 집중하고 몰입함으로써 스스로를 단련함과 동시에 놀라운 성과를 만들어낼 수 있다.

살다보면 승부를 걸어야 할 때가 있다. 끌려다니는 인생이 아니라, 내가 택하고 내가 원하는 인생을 살기 위해 내 힘을 키우고 내 능력을 키워야 하는 순간이 온다. 이제는 조금씩 혼자 서는 연습을 해보자. 혼자 있는 시간을 어떻게 보낼 줄 아느냐에 따라 미래가 달라진다. '혼자 있는 시간'을 찾아서, 목표를 이루는 데 적극적으로 활용하라. 내 인생을 내 뜻대로 이끌 수 있는 힘인 자기 주도력은 바로 혼자 있는 시간에서 키워진다.

'가장 나다운 공부법'을
고민해라

적극적으로 혼자가 될 줄 알고, 혼자 있는 시간을 '생산적으로 보낼 줄 알아야 한다'. 지금 자신의 상태를 파악하고, 스스로 동기 부여를 할 줄 알며, 자신에게 적합한 창의적인 방법으로 재충전할 줄 알아야 한다. 이는 하루아침에 얻어지는 것이 아니다. 끊임없이 혼자서 공부하는 시간을 가지며 자신을 탐구할 때 터득하는 것이다.

'나는 지금 공부가 하기 싫구나. 그러면 동기 부여가 되는 책을 읽다가 다시 공부해야겠다.'

'이번 시험 성적을 잘 받으려면 내 시간을 어떻게 활용하는 게 좋을까?'

스스로 계속 질문을 던지고 답을 찾아나가는 연습을 하자. 혼자 있기 싫고, 스스로 공부하기 힘들 때 나 자신을 어떻게 달래야 하는지 점차 알게 될 것이다. 어떻게 해야 공부가 잘되고, 마음을 다스릴 수 있는지 점차 주도권이 생겨나고 강해질 것이다.

남에게 답을 묻고 의존적으로 시간을 보내는 것은 결국 자신의 힘을 약하게 만들 뿐이다. 그보다는 자기 자신을 알아가자. 스스로를 잘 아는 사람일수록 원하는 인생을 살 가능성이 높다.

02

자기주도학습에도
단계가 있다

"쉴 새 없이 보다 나은 사람이 돼간다.
그곳에 인생의 참된 일은 전부 포함돼 있다.
그리고 계속해서 보다 나아지는 것은
우리의 노력에 의해서만이 가능하다."

– 레프 톨스토이Lev Tolstoy

가장 좋은 과외 선생님은 자기 자신이다. 공부는 누가 시켜서 할 때보다 스스로 할 때 더 능률이 오르기 때문이다. 오랫동안 학생들을 가르치며 내가 깨달은 것은 '강의 듣기보다 자기주도학습이 더 빠르다'는 사실이었다. 이 학원 저 학원 순례하며 바쁘게 다닌 학생들보다 끈질기게 하루에 몇 시간이고 자기 공부를 한 학생들의 실력이 월등히 좋았다.

놀라웠다. 단기적으로는 수업을 듣는 것에만 매달린 학생이나 자기 공부에 집중한 학생이나 별 차이 없어 보였지만 시간이 갈수록 격차가 엄청나게 벌어졌다. 듣는 공부는 증발돼버리기 때문이었다.

메가스터디 손주은 회장은 학생들에게 처절하게 외쳤다. "전 과목을 수강하는 학생은 틀림없이 망할 것이다!"

지나친 학원 순례는 학생들에게서 '스스로 공부하면서 지식을 머리에 넣는 시간'을 빼앗는다. 바쁘게 이 학원 저 학원 강의만 들으러 다니는 학생은 위험하다. 1시간 수업을 들으면 3시간(1시간씩 세 번 복습) 자기주도학습을 해야 한다! 잊지 말자. 성적은 혼자 공부하는 시간을 통해 오른다.

손주은 회장의 말처럼 '학원만 믿으면 망한다'. 학원은 학생들에게 물고기 잡는 법을 가르쳐줄 뿐 물고기를 직접 잡아주진 않는다. 선생님은 공부를 가르칠 뿐 대신 공부해주진 않는다. 열심히 들은 수업 내용을 공부해야 하는 사람은 바로 나 자신이다.

결국 공부는 모두 자기 자신의 책임이다. 자기주도학습은 스스로 학습을 계획하는 것에서부터 시험을 대비하는 공부를 하고 목표를 달성하는 것까지 포함된다. 자신에게 맞는 수업을 택할 줄 아는 것, 수업을 잘 활용할 줄 아는 것, 복습해서 체화할 줄 아는 것 등을 모두 본인이 스스로 해내야 한다. 모든 공부는 자기주도학습으로 시작해 자기주도학습으로 끝난다고 해도 과언이 아니다.

자기주도학습
5단계

명문대생 300명이 알려준 공부 노하우를 종합해 분석한 결과, 자기주도학습에도 어떤 단계가 있다는 것을 알게 됐다. 그렇게 해서 정리한 이론인 '자기주도학습 5단계'를 여기에 소개하고자 한다.

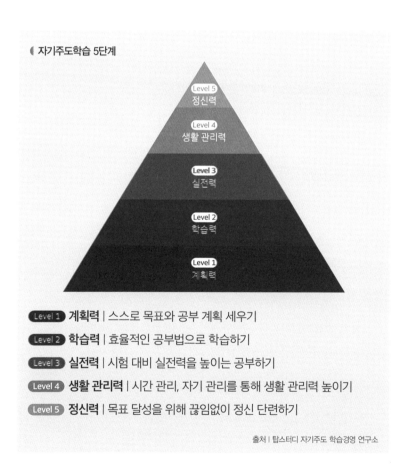

◀ 자기주도학습 5단계

Level 5
정신력

Level 4
생활 관리력

Level 3
실전력

Level 2
학습력

Level 1
계획력

Level 1 **계획력** | 스스로 목표와 공부 계획 세우기
Level 2 **학습력** | 효율적인 공부법으로 학습하기
Level 3 **실전력** | 시험 대비 실전력을 높이는 공부하기
Level 4 **생활 관리력** | 시간 관리, 자기 관리를 통해 생활 관리력 높이기
Level 5 **정신력** | 목표 달성을 위해 끊임없이 정신 단련하기

출처 | 탑스터디 자기주도 학습경영 연구소

아무리 성적이 낮은 학생이라 할지라도 지금 소개한 5단계를 거치면 뛰어난 인재가 된다. 열심히 공부해 인생을 극적으로 역전시킨 이들은 모두 이 5단계를 훌륭하게 마스터했다.

명문대 자기주도학습 레벨 1 | 계획력

공부를 시작하는 단계로, 스스로 '나는 뭐가 되겠다!'라는 명확한 목표를 선언하고, 목표 지점에 골인하기 위한 공부 계획을 세울 줄 안다.

명문대 자기주도학습 레벨 2 | 학습력

한자리에 앉아 끈기 있게 노력하며 자기만의 효율적인 학습법을 탐색하는 단계다. 명문대 합격생들도 단번에 자신에게 맞는 공부법을 찾아낸 것이 아니다. 처음에는 요령을 몰라 무작정 노력하기도 하고, 여러 합격생들의 공부법을 분석하고 따라 해보는 등 수차례 시행착오를 거쳐 자신에게 딱 맞는 공부법을 스스로 만들어나갔다. 이 책을 읽는 여러분 역시 포기하지 않고 여러 방법을 시도하다보면 어느 순간 자신에게 맞는 효율적인 공부법을 완성하게 될 것이다.

'자기만의 공부법'을 갖는 것에는 굉장한 의미가 있다. 한번 '자기만의 공부법'을 만들어두면 공부 기술자가 된다. 비단 학교 공부뿐 아니라 그 어떤 공부도 쉽게 정복할 수 있다. 외국어든, 운동이든, 자기만의 정복 기술을 활용하면 손쉽고 빠르게 마스터하게 될 것이다.

명문대 자기주도학습 레벨 3 | 실전력

시험을 철저히 대비하며 실전력을 키우는 단계다. 시험 성적 올리는 공부는 따로 있다. 평소에 충실하게 공부하며 기초부터 응용 학습까지 열심히 실력을 쌓았어도, 수험장에서 제 실력을 발휘하기 위해서는 시험 대비 훈련을 따로 해야 한다. 평소에 공부하는 능력과 제한된 시간에 실수하지 않고 문제를 막힘없이 풀어내는 능력은 별개이기 때문이다.

모의고사 훈련을 통해 실전 능력을 키워야 한다. 시험 출제자가 원하는 의도에 맞게 그간 공부한 내용을 정리하고, 제한된 시험 시간에 맞춰 예상 문제지를 풀어보는 훈련을 집중적으로 해야 한다.

명문대 자기주도학습 레벨 4 | 생활 관리력

목표를 달성하기 위해 시간을 빈틈없이 관리하고 자기 자신을 관리하는 능력을 배양하는 단계다. 생활 관리력이 뛰어난 학생일수록 장기간에 걸친 공부를 성공적으로 해낸다.

명문대 자기주도학습 레벨 5 | 정신력

성공하는 사람은 자신이 이루고자 하는 꿈을 계속 머릿속에 간직하고 끊임없이 마인드 컨트롤을 한다. 원하는 목표를 달성하기 위해 끊임없이 정신력을 키운다.

스스로가 자기 자신의 선생님이 되어, 지금까지 설명한 5단계를 차근차근 정복해나간다면 누구나 빛나는 미래를 맞이할 수 있다. 처음 공부란 걸 시작한 학생들은 첫 번째 단계인 '계획'에서부터 막혀버린다. 목표를 명확하게 세우지도 못하고, 공부 계획 수립 역시 막막해한다. 이럴 때 어쩔 줄 몰라 하며 멍하니 있다가, 역시 혼자서는 안 되겠다며 무작정 이 학원 저 학원으로 수업을 들으러 다녀서는 안 된다. 달성하고 싶은 목표를 정하는 것, 어떻게 공부할지 계획을 세우는 것도 반드시 스스로가 결정하고 해결해야 할 문제다. 1단계부터 문제를 제대로 직시하고 풀어나가야 한다.

자기주도학습은 학습을 스스로 관리하고 책임감을 갖는 활동이다. 자기주도학습 레벨을 키우면 키울수록 자신을 책임질 수 있는 힘이 커지고, 결과적으로 긴 인생을 살아가는 데 있어서도 큰 도움이 될 것이다. 지금부터 자기 주도력을 키워보자. 우리에게는 모두 스스로 할 수 있는 힘이 내재돼 있다.

정확한 자기 진단이 먼저다

처음 공부를 시작하는 학생들은 대부분 그동안 공부량이 부족했다고 판단하고 무작정 자습부터 하려 든다. 자신에 대해 분석할 것이 크게 없다고 생각하거나, 공부는 그냥 열심히 하는 거라고 막연히 생각한다. 하지만 자신에 대해 모르는 채로 무작정 공부를 시작

| 자기 진단을 위한 질문 예시 |

`Level 1` **계획력** | 나는 계획력이 있는 편인가, 없는 편인가

`Level 2` **학습력** | 효율적인 공부법으로 목표 공부량을 채우고 있는가

`Level 3` **실전력** | 시험은 실력보다 잘 보는 편인가, 못 보는 편인가

`Level 4` **생활 관리력** | 생활 관리를 잘하는가

`Level 5` **정신력** | 공부하는 데 있어 긍정적으로 마인드 컨트롤을 하는가

하면 반드시 같은 지점에서 실수를 반복하게 된다.

자기 진단이 먼저다. 무엇보다 자신의 능력을 파악하는 것이 우선돼야 한다. 공부를 시작하기 전에 자신을 되돌아보며 분석하고, 학습 전략을 짜는 시간을 가져야 한다.

뭐가 부족하고 문제인지 알아야 발전할 수 있다. "네 자신을 알라"는 소크라테스의 명언이 있다. 자기 자신을 아는 것이 자기 발전에 있어 가장 기본적인 요소다. 자기 진단 질문으로 자신에게 부족한 부분과 실패하는 원인을 찾아내보자.

자기 진단이 끝났다면
서서히 자기주도학습에 진입해라

앞서 말했듯 자기주도학습은 계획력 → 학습력 → 실전력 → 생활 관리력 → 정신력, 이렇게 5단계로 구성된다. 원하는 목표를 성공적으로 달성하기 위해서는, 1단계 과정인 '계획'부터 제대로 시작해야 한다.

자기 진단을 통해 공부의 방향을 잡았다면 자신에게 맞는 계획을 세워보자. 자신에게 필요한 공부 계획을 스스로 세우고, 이를 매일 꾸준히 실천해나가는 것이 언뜻 쉽게 느껴지지만, 학생들 대부분이 어려움을 호소한다. 늘 부모님이나 선생님 등 외부 환경에 의존해 지도받고 시키는 대로 공부하는 데 익숙하기 때문이다. 해볼 기회가 없었으니 혼자서 계획을 잘 세우지도 못하고, 실천하는 것도 서투르다.

따라서 자기주도학습법에 효과적으로 적응하기 위해서는 무작정 사교육을 끊고 혼자 공부하기보다, 조급해하지 말고 서서히 체질을 바꿔나가는 것이 좋다. 공부를 처음 하는 학생들은 올바른 학습 계획을 세우는 법, 실천하고 관리하는 법 등 '계획법'도 차근히 익혀나가야 한다. 처음에는 분명 시행착오를 겪을 것이다. 이는 자신만의 학습법을 구축하고, 실전 능력을 쌓기 위해서는 피할 수 없는 과정이다. 힘들수록 잘되고 있다고 스스로를 다독이며, 어려운 시기를 묵묵히 한결같은 마음으로 견뎌내도록 하자. 99도까지 잔잔하던 물이 1도 높은 100도에서 끓어오르듯, 실력도 조용히 쌓이고 쌓이다 어느 순간 폭발적으로 위력을 발휘하게 된다.

자기주도학습에 성공하려면 부모님의 적극적인 지지와 신뢰가 필요하다. 자녀가 "혼자서 공부해볼게요"라고 했을 때 흔쾌히 "그래!"라고 말하는 부모님은 많지 않다. '애가 혼자서 잘할 수 있을까?'라며 자식을 믿는 마음보다 걱정이 앞선다. 많은 부모님들이 자녀에게 자율 학습 시간을 주길 망설인다. 혹여 딴짓을 할지도 모르니 차라리 학원을 많이 다니는 편이 안심이라 생각한다. 하지만 '자기 일을 알아서 스스로 잘하는 아이'라면 부모님도 얼마든지 믿어주고, 곁에서 마음 놓고 응원해줄 수 있지 않을까?

지금부터는 부모님이 신뢰할 수 있게끔 스스로를 책임지는 모습을 보이자. 시행착오를 겪더라도 스스로 극복하려는 의지를 갖고, 매진하는 모습을 보일 때 부모님의 마음속에 믿음이 자라나기 시작할 것이다.

자기 힘으로 일어서려는 아이를 주저앉힐 부모는 없다. 다만 스스로 일어서지 못할 것 같을 때 노심초사하는 것이다. 혼자서 주도적으로 계획하고 실천하고 공부해낼 수 있다는 가능성을 보인다면 부모님은 여러분을 신뢰하고 든든한 아군이 돼 전폭적인 응원을 보내줄 것이다.

03

자기주도학습은
자율학습이 아니다

"엉터리로 배운 사람은
아무것도 모르는 사람보다 더 어리석다."

– 벤저민 프랭클린Benjamin Franklin

자기주도학습을 단순히 자습하는 능력이라고 생각해서 혼자 마음대로 공부하는 경우가 있다. 이는 자기주도학습력이 뭔지 몰라서 범하는 실수다. 자기주도학습은 혼자 마음대로 공부하면 되는 것이 아니다.

자기주도학습을 영어로 옮기면 'Self-directed Learning'이다. 공부의 방향을 학생 자신이 주도Self directed해 완전히 익히는 수준Learning에 다다라야 한다는 의미다.

내가 학습 지도를 하던 두 학생이 있었다. 한 학생은 정우, 다른한 학생은 지민이라는 아이였다. 두 학생에게는 몇 가지 공통점이

76

있었다. 둘 다 문과에 외국어 영역이 상당히 취약했다. 모의고사 성적도 언제나 4~5등급을 왔다 갔다 했다. 그러나 둘 사이에는 극명한 차이점이 있었다.

정우는 고민이 있을 때마다 찾아와 자신의 문제가 뭔지 알고 싶어 하는 절실한 표정으로 하나라도, 조금이라도 더 배워 가겠다는 자세로 질문했다.

"선생님, 제가 외국어 영역이 5등급인데요. 고3 때까지 X 독해 인강을 듣고, 문제집은 Y를 풀었어요. 그런데 수능 때 평소보다 더 성적이 떨어진 거예요. 도대체 뭐가 문제일까요?"

자신이 어떻게 공부했는지 모두 이야기하며 적극적으로 도움을 청했다. 영어 영역을 예로 들면 어떤 단어장이 자신의 현재 수준에 맞는지, 어떻게 반복해서 외워야 하는지 꼼꼼하게 물었다. 듣기는 EBS 문제집을 어떤 식으로 반복해서 듣고, 독해는 어떤 선생님의 강의가 지금 수준에 가장 맞으며, 어떻게 들어야 효과적인지, 해석이 안 되는 문장은 어떻게 해야 하는지 빠짐없이 확인했다. 그 열성이 기특해 나는 틈틈이 정우가 잘하고 있는지 살펴봤다.

그런데 지민이는 도움을 청하지 않았다. 나는 지민이에게도 도움이 필요할 것 같아 부족한 것은 없는지, 도와줄 것은 없는지 물으며 뭐든 말해주겠다고 했다.

"선생님, 저는 제 계획이 있어요. 인터넷 강의 선생님이 있는데, 그 선생님 커리큘럼대로 따라가면 1등급 받을 자신이 있거든요."

"단어는 단어 인강 들으면 되고, 나중에 3월에 독해 강의 듣고 복습하고 수능 특강 풀면서 연습하면 될 거 같아요, 선생님."

내가 조금 더 자세히 어려운 점을 물어도 지민이는 애매하게 대답하며 혼자 알아서 할 수 있다는 강한 의지를 보였다. 하지만 오랫동안 수험생들을 지도해온 나로서는 한눈에 문제점이 보였다. 지민이는 각 과목을 균형 있게 공부하지 않고 영어에만 집중했다. 이대로 가다가는 다른 과목을 공부할 시간이 줄어들어 성적 유지가 힘들 듯했다. 나는 여러 차례 넌지시 이야기했지만 지민이는 주관이 강해 자신의 생각대로 공부했다.

어느덧 6월 모의고사도 끝나고 성적표를 받아 든 정우가 활짝 웃는 얼굴로 나를 찾아왔다.

"선생님, 저 영어 정말 많이 올랐어요. 그동안 영어 때문에 엄청 울었는데 드디어 해냈어요. 2등급이에요. 이제 조금만 더하면 1등급도 찍을 수 있을 거 같아요. 정말 고맙습니다, 쌤!"

정우는 다른 과목들도 겨울보다 두 등급씩 성적이 올랐다.

나는 지민이가 걱정돼 성적을 확인해보니 영어 영역은 3등급까지 올랐지만, 다른 과목들은 그대로거나 많이 오르지 않았다. 나중에 상담해보니 역시나 영어를 공부하느라 다른 과목은 하지 못했다고 했다.

물론 지민이가 공부를 하지 않은 것이 아니었다. 나름대로 계획을 세워서 6월까지 성실하게 공부량을 채워왔다. 그러나 무리하게 인터넷 강의를 듣느라 혼자만의 공부 시간이 부족했고, 그 결과 비약적인 성적 상승은 없었다. 나는 여러 선배들의 사례를 이야기해

주며, 각 과목의 균형을 맞춰서 공부할 수 있도록 설득했다. 그 결과, 지민이의 공부 습관이 차츰 교정되기 시작했다. 혼자 시행착오를 겪기보다는, 이미 검증된 공부법에 대한 조언을 받고 빠르게 성적을 올릴 수 있는 방법을 적극적으로 찾아야겠다고 마음을 먹게 된 것이다.

지민이는 마음을 열고 조언을 남김없이 받아들였다. 선생님과 함께 효율적인 학습 계획을 세우고, 나중에는 내가 먼저 묻지 않아도 계획을 바꿀 때마다 찾아와, 자기가 세운 계획이 올바른지 조언을 구했다. 또 고칠 점을 지적받으면 적극적으로 반영하고 행동에 옮겼다. 그러자 9월 모의고사에서는 공부한 만큼 성적이 올랐다. 뒤늦게라도 다른 사람들의 노하우를 받아들여 빠르게 정상 궤도에 오르게 된 것이다.

자기주도학습은
적극적으로 도움을 청할 줄 아는 것

자기주도학습이란 타인의 도움을 필요로 하지 않는 학습이 아니다. 선생님을 비롯해 여러 사람들의 지식과 노하우를 적극적으로 배우고 습득해 자기 것으로 만들고, 실천해야 한다.

독학을 하겠다고 눈과 귀를 닫고 아집으로 공부하는 학생들이 있다. 물론 자신만의 공부법을 터득할 수는 있겠지만, 시행착오를 많이 겪게 되기 때문에 성적을 올리는 데 상당한 시간이 걸린다.

원하는 기간 안에 효과적으로 성적을 올리려면 적극적으로 방법을 찾아 나서야 한다. 열린 마음으로 눈과 귀를 활짝 열고 과목별 특성에 맞는 공부법과 빠르게 성적을 올리는 노하우를 얻어내려 발품을 팔고, 그렇게 얻은 정보는 일단 모조리 받아들여야 한다. 그다음에 이것저것 실제로 해보면서 자신에게 맞지 않는 것은 참고만 하고, 맞는 것은 적극적으로 자기 것으로 만든다면 고속 성장할 수 있을 것이다.

언뜻 생각하면 혼자서도 얼마든지 공부 계획을 세우고, 매일 자습하며 계획을 실천해나갈 수 있을 것 같지만, 현실은 그렇지 않다. 많은 학생들이 '자기주도학습 사용 설명서'를 읽지도 않고, 의욕만 가지고 혼자 공부하겠다고 뛰어든다. 그러다가 나중에 가서는 제풀에 지쳐서 의욕을 잃고 방황하며 시간을 허비한다.

그럼 지금부터는 자신에게 최적인 공부 계획을 세우는 데 있어 어디에서 어떻게 노하우와 지식을 얻을 수 있는지, 어떻게 해야 올바른 방향을 설정하고 실제로 성과를 올릴 수 있는지 알아보자.

04 〰〰〰〰〰〰〰〰〰〰〰〰〰〰〰〰〰〰〰〰〰

학습 전략을 함께 세워줄
전문가를 찾아라

> "만난 사람 모두에게서 뭔가를 배울 수 있는 사람이
> 세상에서 제일 현명하다."
>
> – 《탈무드Talmud》 중

입시 요강이나 효과적인 공부법, 학원 정보 등을 온라인 게시판에 물어보는 학생이 많다. 그런데 사실은 혼자 고민하거나 소극적으로 온라인에서 알아보기보다는, 발품을 좀 팔더라도 적극적으로 정보를 얻는 것이 훨씬 효과적이다. 진짜 전문가들은 온라인 게시판이 아닌 오프라인에서 활동하고 있으니 말이다.

상당한 기간 동안 경험을 쌓고, 각종 정보들로 무장한 현실의 입시 전문가를 직접 찾아가자. 물론 귀찮을 수 있다. 그렇지만 온라인 게시판에 적은 몇 줄로 정확한 정보를 얻을 수 있을까? 직접 대면하고 이야기를 나누며 진단받는 게 훨씬 더 정확하지 않을까?

자가 진단을 통해 과거 학습 상태 및 생활을 분석했다면 지금부터는 발견한 문제점들을 해결하기 위한 학습 전략을 짜야 한다. 혼자 고민하기보다 함께 학습 전략을 세워줄 전문가를 찾아 나설 때다.

듣지만 말고,
적극적으로 질문해라

개별 상담 시간은 입시 전문가로부터 자신에게 딱 맞는 진단을 받을 수 있는 '기회'의 시간이다. 그리고 이 기회를 최대한 이용하기 위해서는 무작정 찾아갈 것이 아니라, 미리 질문 내용을 구체적으로 생각해둬야 한다.

예를 들어 "저는 3~4등급인데 이 수업을 들으면 좋나요?"라고만 물었다고 하자. 그러면 아무리 각종 정보와 노하우로 무장한 입시 전문가라 하더라도 대답할 수 있는 내용이 한정적일 수밖에 없다. "네, 도움이 되죠. 많은 학생들이 성적이 올랐어요." 상담하는 학생의 상태를 전혀 모르기 때문에 이런 식으로 모두에게 해당되는 추상적인 답만 할 수 있다.

"제가 영어를 잘한다고 생각하는데, 늘 시험만 보면 빈칸 추론 문제를 틀립니다. 어떻게 해야 하죠?"라고 구체적이고 적극적으로 물어야 한다. 물론 이렇게 상세한 질문을 하려면 상담하러 가기 전에 이미 자기 자신에 대해 충분히 파악한 상태여야 한다.

또한 자신이 직접 세운 학습 계획과 방법이 옳은지 확인받는 과정도 필요하다. "이런 방식으로 공부하고 시험을 봤는데, 이런 부분이 문제가 됐습니다. 그래서 이번에는 이렇게 해보려고 하는데 어떨까요?" 이렇게 학습 전략에 대해 조언을 구하는 것이다. 그러면 입시 전문가는 수년간 축적한 경험치 중에서 상담하는 학생의 경우와 비슷한 사례를 들어서 의미 있는 조언을 해줄 수 있다.

결국 학생을 도와주기 위해 입시 전문가가 있는 것이다. 자신 없다고, 쑥스럽다고 혼자서 끙끙댈 것 없다. 그렇게 혼자 고민할 시간에 용기를 짜내어 모든 문제점을 빠짐없이 전문가에게 털어놓자. 학생이 적극적이고 구체적으로 질문할수록 전문가 쪽에서도 더 열의를 갖고 도움이 되는 사례와 정보를 다양하게 제공할 수 있다.

최소 2~3곳,
각기 다른 성격의 기관에서 상담을 받아라

각기 성격이 다른 여러 곳을 찾아가보는 편이 자신에 대한 정확한 진단을 내리는 데 도움이 된다. 한 군데만 가고 만다면 정보량도 부족하고, 한쪽으로 치우친 결론을 내릴 수도 있다. 단과 학원, 입시 컨설팅 기관, 과외 선생님 등 다양한 곳으로부터 의견을 얻어야 종합적인 시각을 가질 수 있다.

예를 들어 "나는 수능만 준비해서 정시로 대학에 갈 거야!"라고 생각하는 학생이 있다고 하자. 여러 곳에서 상담을 해보면 지금 자신의 조건에서는 수시 전형이 좀 더 유리하다거나, 수능에 관해서도 최신 출제 경향에 근거한 과목 선택 방법 등 여러 가지 새로운 정보를 얻을 수 있다. 이를 토대로 좀 더 다양한 선택권을 갖게 된다. 또 여러 곳에서 입을 모아 말하는 내용은 정답에 가까운 해결책이라고 판단할 수 있게 된다.

본격적으로 공부를 시작하기 전 정보 싸움은 매우 중요하다. 자기 자신의 강점, 약점에 대해 충분히 분석하고 온라인으로 두루 알아봤다면, 하루 날을 잡고 발품을 팔며 전문가를 찾아가 상담을 하자.

① 그간 궁금했던 점, 해결책을 알 수 없는 부분은 무엇인가
② 내게 맞는 학습법은 무엇이고 약점은 무엇인가
③ 어떤 학습 전략을 세워야 하는가

주어진 상담 시간 안에 자신에게 필요한 모든 것을 물어보고, 효과적인 학습 전략을 세우는 데 적극적으로 도움을 받는 것이 현명하다.

05

과목별
학습 노하우를 수집해라

> "배우고 생각하지 않으면 어둡고,
> 생각하고 배우지 않으면 혼돈스럽다."
>
> – 공자 孔子

입시를 준비하는 데 있어 자신만의 공부법을 개발하는 것은 매우 중요하다. 하지만 단번에 이를 찾아내는 사람은 아무도 없다. 일단 성공적으로 대학에 진학한 선배들의 노하우를 받아들이자. 그런 다음 자신에게 맞지 않는 것은 버리고, 좋은 것만 취하면 된다.

지금부터 소개하는 내용은 수많은 학생들이 입증해준 효과적인 학습 전략 수립 노하우다. 이 방법을 따라서 자신에게 맞는 최적의 전략을 세워보자.

나를 둘러싼 모든 것을
적극 활용하자

학습 전략을 짜기 위해 첫 번째로 해야 할 일은 '정보 수집'이다. 이 과정을 통해 각 과목별로 최단기간에 성적을 올리는 지름길, 즉 과목별 로드맵을 찾아내야 한다.

정보를 수집할 때 가장 중요한 것은 조언을 구하기에 앞서 스스로에 대해 충분히 고민해 봤느냐 하는 것이다. 자기 자신에 대해 충분히 파악한 뒤 정보를 수집해야 한다. 반드시 그간의 실력을 보여주는 성적표를 수집하고 지금 상황에 대한 자기 분석표를 작성해 보자.

자신을 모르는 채로 무작정 정보를 수집하는 것은 마치 환자가 무작정 의사를 찾아가 남들이 좋다고 하는 치료를 받는 것과 같다. 지금 자기 상태에 딱 맞는 처방을 받는 것이 아니니 별다른 성과 없이 시간과 돈만 낭비하게 된다. 병원 한번 잘못 간 거야 그렇다 치지만, 자신의 인생을 건 시험에서 그럴 수는 없다. 수험생은 헤매고 시행착오를 겪을 시간이 없다.

그렇다면 어떻게 해야 자신에게 딱 맞는 처방을 받을 수 있을까? 바로 학생이 자신의 증상을 잘 말해야 한다. 내가 나를 잘 알고 있어야 한다. 나보다 나를 더 잘 아는 사람은 없다. 물론 대학 병원에 간다면 본인이 스스로의 증상을 말하지 않아도 큰 비용을 들여 엑스레이 찍고 MRI 찍어 다 알아낼 수 있을 것이다. 그런데 대학 병원도 병원 나름이라 어디가 자신에게 최적인지 알 수는 없다. 내가 내 증상을 모르면 이런저런 말에 휘둘리기 십상이다.

　공부도 똑같다. 남에게 의존하지 마라. 본인이 주체적이고 적극적으로 모든 것을 '활용'할, 더 현명하게 말하면 모든 것을 '바르게 이용'할 생각을 해야만 한다. 학원이든, 과외 선생님이든, 질문 게시판이든 모든 것을 쏙쏙 빼먹어야 한다. 그러기 위해서는 자신이 확고히 중심에 서서, 현재 자신의 상태를 최대한 파악해보고, 스스로 해결하지 못하는 질문들을 찾아내야 한다.

남보다 정확한 정보력이
생명이다

자신의 현재 상태를 분석했다면 본격적으로 정보 탐색에 나선다. 과목별 정보와 공부 노하우를 수집하는 기본적인 순서는 다음과 같다.

1단계 | 온라인 사전 조사 [전반적인 환경 파악]
뭐든 뛰어들기에 앞서 충분한 사전 조사는 필수다. 입시생이라면 기본적인 입시 개요를 먼저 훑을 필요가 있다. 수능은 몇 과목을 보고, 내가 목표로 하는 대학은 어느 정도 성적을 필요로 하는지, 수시 및 정시는 언제 진행되며 몇 명이나 뽑는지 등의 정보를 인터넷

| 과목별 로드맵 정보 수집 방법 |

1. 온라인 사전 조사 : 입시 개요와 전반적인 동향을 파악한다

① 여러 인터넷 강의 사이트에서 과목별 커리큘럼 정보 수집하기

② 입시 전문가들이 운영하는 사이트의 게시판에 궁금한 내용 물어보기

2. 오프라인 상담 : 전문가, 경험자를 직접 만나 조언을 받는다

① 전문가 : 여러 입시 학원의 전문가들을 찾아가 상담하기

② 멘토 : 자신의 목표 대학에 입학한 입시 선배에게서 조언 듣기

③ 수험생 : 공부 잘하는 친구에게서 인터넷 강의, 공부법 등에 대한 정보 구하기

3. 온라인과 오프라인 정보 조합 : 선택 과목 및 과목별 커리큘럼을 최종 결정한다

① 대학별 지원 전략 및 학습 전략의 얼개 짜기

② 자신이 세운 전략이 옳은지 온라인으로 다시 한 번 점검하기

③ 여러 인터넷 강의 사이트에서 맛보기 강좌를 수강하며 커리큘럼 결정하기

에서 알아보자.

전체적인 입시 동향을 살피는 것도 중요하다. 올해 수능 난이도가 어떨지, 수시와 정시의 모집 인원 비율은 어떠한지 등 전반적인 상황을 충분히 조사해둬야 2단계 오프라인 상담에서 유용한 해결책과 노하우를 얻을 수 있다.

온라인 사전 조사를 하다보면 궁금한 점들이 자연스레 생겨날

것이다. 이런 의문들을 그냥 흘려보내지 말고 꼼꼼하게 메모하자. 이 모든 사전 조사를 마쳤다고 생각되면 이제는 오프라인 상담을 하러 나가야 한다.

2단계 | 오프라인 상담 [경험자에게 조언 받기]

① 전문가 : 여러 입시 학원의 전문가들을 찾아가 상담하기

② 멘토 : 자신의 목표 대학에 입학한 입시 선배에게서 조언 듣기

반드시 필요한 단계는 아니지만, 자신이 꿈꾸는 대학에 합격, 캠퍼스 생활을 하는 입시 선배를 직접 만나 이야기를 듣는 것은 확실한 동기 부여가 될 뿐 아니라 공부법에 대한 영감을 얻을 수 있는 좋은 기회이기도 한다. 사람마다 학습 수준이나 방식이 다르기 때문에 그 선배의 공부법이 자신에게 딱 맞지 않을 수도 있다. 그러나 자신이 꿈꾸는 길을 먼저 갔다는 점에서 배울 부분이 분명히 있을 것이다.

물론 인터넷에서 조금만 검색해도 합격 수기를 찾을 수 있고, 여기서도 충분히 얻을 것이 있다. 하지만 상대를 직접 만나면 지금 자신에게 딱 맞는 조언을 상세하게 들을 수 있다. 무엇보다 합격한 사람의 기운이나 마인드를 느껴볼 수 있기 때문에 기회가 된다면 직접 만나는 자리를 마련하는 것이 좋겠다. 이왕이면 나와 비슷한 상황과 조건 속에서 노력 끝에 대학에 합격한 선배를 만난다면 더욱 의미 있는 조언을 받을 수 있을 것이다.

③ 수험생 : 공부 잘하는 친구에게서 인터넷 강의, 공부법 등에 대한 정보 구하기

아주 가까이에서, 상당히 유용한 정보를 구할 수 있는 방법이 있다. 바로바로 공부 잘하는 친구에게 물어보는 것이다.

누군가가 공부를 잘하는 데는 이유가 있다. 흔히 노력을 많이 하고, 열심히 공부해서라고 막연하게 생각하고 말겠지만, 자세히 들여다보면 어떤 선생님의 수업을 들었더니 성적이 올랐다든지, 교재는 어떤 것이 좋았다든지 하는, 경험으로 검증한 공부법을 알고 있기 때문이라는 것을 알 수 있다. 이 친구들에게는 성적을 올린 노하우가 분명히 있다. 또 같은 시기에 입시를 치르니 자신이 궁금해하는 입시 동향 등도 알고 있다. 어떻게 보면 커리큘럼을 입시 전문가보다 더 학생 관점에서 판단하기도 한다. 그러니 나보다 조금 앞선 친구들에게 도움을 청해보자. 실제로 갑자기 성적을 부쩍 올린 몇몇 학생들은 공부 잘하는 친구가 알려준 강의를 들은 덕분이라고 말했다.

물론 친구에게 조언을 구한다는 게 껄끄러울 수는 있다. 또 그 친구가 아는 정도는 나도 알고 있다고 가볍게 여길 수도 있다. 하지만 수험은 시간 싸움, 전략 싸움이다. 단기간에 효과적으로 공부해 성적을 올리기 위해서는 조금이라도 도움이 될 것 같다 싶으면 친구에게라도 조언을 구해야 한다. 열린 마음으로 이야기를 듣고, 자신에게 맞는 전략을 융통성 있게 흡수하자.

3단계 | 온라인과 오프라인 정보 조합 [선택 과목 및 과목별 커리큘럼 최종 결정]

온라인으로 사전 조사를 하고, 여러 경험자들을 실제로 만나 조언을 구했다면 이제는 그 모든 정보들을 조합해 수험 생활을 어떻게 할지 설계를 시작하자. 물론 이렇게 해서 한 해 일정을 정해놓더라도 성적에 따라 그때그때 유연하게 수정해야겠지만 말이다.

우선 각종 정보를 조합해 지원 전략과 학습 전략의 얼개를 잡는다. 학습 전략의 경우에는 온라인으로 다시 한 번 정보를 확인하며 선택 과목과 커리큘럼을 결정하도록 한다. 입시 관련 사이트, 커뮤니티를 통해 선택 과목에 대한 정보와 1등급을 받기 위한 로드맵을 재점검하고, 여러 인터넷 강의 사이트에서 맛보기 강좌를 수강해 커리큘럼을 파악해본다. 이 과정을 통해 과목별로 어떻게 공부해야 최소한의 노력으로 최단기간에 성적을 크게 올릴 수 있는지 로드맵을 찾는다.

입시생은 제한된 기간 내에 성적을 극대로 끌어 올릴 수 있는 방법을 늘 고민해야 한다. 앞서 말했듯 입시는 시간 싸움, 전략 싸움이다. 공부를 열심히 하는 것도 중요하지만, 어떻게든 전략을 세워 합격하는 것이 관건이다. 누가 가장 약삭빠르고 영특하게 공부해서 좋은 '성적'을 거두느냐가 중요하기 때문에 과목별 로드맵을 짤 때도 효율을 고려해야만 한다. 단기간에 성적을 올리는 과목별 로드맵을 설계해야 한다. 그래야만 똑같은 시간을 들이고도 남들보다 더 많이 성적을 올리고, 합격 가능성을 높일 수 있다.

앞서 정보 수집 1, 2, 3단계를 거쳐 과목별로 최단기간에 성적 올리는 방법을 찾았다면 적극적인 전략가의 자세로 과목별 로드맵을 설계해보도록 한다.

06

큰 목표를 나눠
중간 목표를 세운다

> "꿈을 날짜와 함께 적어놓으면 목표가 되고,
> 목표를 잘게 나누면 계획이 되며,
> 그 계획을 실행에 옮기면 꿈은 실현되는 것이다."
>
> – 그레그 S. 리드 Greg S. Reid

심리학자 존 윌리엄 앳킨슨 John William Atkinson 의 '성취동기 이론'에 따르면 사람은 성공 확률이 50%라고 느끼는 목표 앞에서 의욕이 가장 높아진다고 한다. 다시 말해 적당히 도전적이면서도 노력하면 달성할 수 있는 수준, 자신이 끝까지 노력할 수 있는 수준으로 목표를 설정해야 하는 것이다. 목표를 지나치게 높게 잡아서는 자기주도학습을 유지하는 동기 부여의 힘이 약하다.

또한 목표는 매우 구체적이어야 한다. 예를 들어 '수학을 잘하고 싶다'는 모호한 말이 아니라 '한 달 안에 수학 모의고사 점수를 20점 올린다'와 같이 수치와 기한을 명확하게 하는 것이다. 모의고사나 중간고사 성적을 지표로 학기 중 2~3회 정도 평가할 수 있는 목표가 적절하다.

최종적인 꿈과 목표를 나눠 달성 의욕을 북돋을 중간 목표를 정했다면 이를 실천할 수 있도록 구체적인 학습 계획을 세워야 한다. 단기적이고 달성 가능한, 그러면서도 효과적인 계획은 어떻게 세워야 할까? 수험 생활의 성패가 올바른 계획을 세우는 것에 달렸다고 해도 과언이 아니다. 그런데 공부를 제대로 해본 적 없는 수험생들이 가장 고민하는 부분 역시 바로 '효과적인 계획을 세우고 실천하기'다. 어떻게 계획을 세우고, 어떻게 해야 계획을 정확히 지켜나갈 수 있는지 지금부터 알아보자.

계획은 큰 단위부터 시작해
세밀한 부분까지 잘게 나눈다

계획은 우선 큰 단위부터 정해나가야 한다. 수능 공부를 예로 들어보자. 가장 처음 정해야 할 것은 '언제까지 모든 공부를 끝낼까'다. 가령 '10월 중순까지는 모든 공부를 끝내겠다'고 데드라인을 정해야 한다.

데드라인을 정했다면 이제 전 과목을 한 바퀴 돌리는 공부를 언제까지 끝낼지 계획을 세운다. 제일 좋은 것은 6월 평가원 모의고사 전까지다. 이런 넓은 범주의 계획이 우선돼야 수능이 닥치기 전에 꼼꼼히 공부를 마무리하고 반복 학습까지 할 수 있다.

언제까지 전 과목을 한 번씩 훑을지 정해지면 월별 계획은 간단하다. 언제까지 개념 공부를 한 차례 끝내고, 문제 풀이는 언제까지 할지 월 단위로 계획을 나눈다. 이렇게 해서 월별 학습량이 정해지면 그것을 또 주 단위로 나누고, 한 주 학습 계획을 다시 하루하루로 나눠 배분한다.

큰 단위(시기별 계획)부터 시작해 월별 계획, 주간 계획으로 단계를 밟아 좁혀가면 훨씬 넓은 시야로 공부에 임할 수 있다. 자신이 세운 학습 전략에서 지금 어느 단계에 있는지, 어느 정도 공부가 완성됐는지 스스로 체크해볼 수 있기 때문이다. 이렇게 크게 보면서 하루하루를 채워나가기 때문에 보다 체계적으로 계획을 완수해 나갈 수 있으며, 이 과정 속에서 자연스럽게 자신감과 자기 효능감이 생겨난다.

전체적인 학습 계획 조감도, 빅 픽처 그리기

【1】시기별 공부 계획

1년을 어떻게 보낼지 미리 전체 계획을 주도면밀하게 세워두지 않으면 수험 생활 중 변수가 생겼을 때 이에 제대로 대처하지 못하고 차질이 생긴다. 많은 학생들이 각 시기별로 뭘 해내야만 하는지 '시기별 미션과 완수 계획'을 세우지 않고 공부를 시작하기 때문에 문제가 발생한다. 대략적인 감으로 그때그때 계획을 세우다보니 늘 변동이 많고, 결국 수능이 코앞인데도 공부를 제대로 끝내지 못했다고, 한 달만 더 있었으면 좋겠다고, 공부해야 할 것이 보인다고 푸념하는 것이다.

후회하지 않기 위해, 목표한 기간 안에 반드시 모든 공부를 마치기 위해, 공부 시작 전 '1년간 어떻게 학습을 완성할지' 시기별로 전체적인 그림을 그리도록 하자.

【2】 월별 공부 계획

시기별 계획을 세웠다면 다시 월별로 계획을 나눠준다. 예를 들어 시기를 3개월 단위로 구성했다면 월별 계획은 이를 셋으로 나눈다. 그러면 시기별 미션을 완수하기 위한 월별 공부 계획이 나오게 된다. 그리고 나서 다시 그 계획을 4주로 나눠 주간 목표치를 알아낸다. 한 달이 4주일 때도 있고 5주일 때도 있는데, 4주를 기준으로 나누고, 남은 5주 차에는 밀린 계획 등을 보충하도록 한다.

【3】 주간 공부 계획

이제 일주일에 어느 정도 공부해야 하는지까지 목표치가 정해졌을 것이다. 그 다음에는 매일매일 주간 목표치를 달성하도록 노력해야 한다. 한 주를 알차게 보냈다면 매주 일요일 밤, 새로운 한 주의 계획을 세우는 시간을 갖는다. 기존의 주간 계획을 토대로 하되 현재 상황에 맞춰 공부량을 수정하는 것이다. 그러고 나서 월요일, 화요일, 수요일, 목요일, 금요일, 닷새로 주간 목표치를 나눠 일일 계획을 세운다. 이때 스터디 플래너는 한 페이지에 모아 적어 일주일 동안의 공부 흐름과 일과 시간, 생활 내역을 볼 수 있도록 하는 것이 효과적이다.

계획을 완성하는 비결은
바로 '주간 완전 학습'

모든 계획은 '주간 계획'을 완수하는 것에서부터 시작한다. 한 주, 한 주가 모여 한 달이 되고 한 달, 한 달이 모여 자신이 정한 일정 시기가 된다. 치밀하게 설계한 시기별 계획을 차질 없이 지키기 위해서는 반드시 주간 계획이 지켜져야 하는 것이다.

　주간 완전 학습을 하는 데 있어 가장 현명한 방법은, 일주일 공부 계획을 세울 때 평일과 주말의 경계를 두는 것이다. 계획을 지키지 못하는 학생들을 보면 대부분 월요일부터 토요일까지 공부해야 할 분량이 빡빡하다. 그렇게 계획을 진행하다 보면 제대로 수행이 안 되어 공부에 차질이 생기게 마련이다. 그렇기 때문에 평일에는 계획된 공부를 하고, 주말에는 밀린 공부를 하는 편이 좋다.

　밀린 공부가 없을 때는 '일주일 공부를 압축'한다는 마음으로 복습하는 시간을 가지도록 한다. 예를 들어 수학의 경우, 틀린 문제를 다시 훑어본다. 과목별로 복습 시간을 1시간씩만 가져도 제대로 한 주를 마무리하는 공부를 할 수 있다.

일요일 밤에는 이번 한 주 계획을 스스로 평가하고, 새로 시작하는 주의 일일 계획을 점검하자.

1년을 조감하는 큰 단위의 계획(시기별 계획)부터 시작해 월별 계획, 주간 계획으로 촘촘하게 스케줄을 관리하면 처음 목표한 모든 범위를 공부할 수 있다. '내가 올해 수능 전 영역 1등급을 맞으려면 이것만은 끝내야 한다!'라고 생각한 양을 모두 공부하고, 복습까지 완벽히 해서 수험장에 들어갈 수 있을 것이다. 계획적이고 체계적이기 때문에 성공할 수밖에 없다.

자기주도학습이란 '학생이 주체적으로 과정을 이끌어가는 학습'이다. 자율적이고 능동적인 학습이다. 학생 자신이 목표와 전략을 세워 학습 과정을 계획할 줄 알아야 한다. 그리고 계획을 매일매일의 자기주도학습을 통해 실천할 줄 알아야 하며, 학습 결과까지 스스로 평가하고 이를 반영한 더 나은 보완 계획을 짤 줄 알아야 한다.

스스로를 '학습 전략가'라고 생각하자. 내가 바로 나 자신의 학습 전략을 짜는 전문가가 되는 것이다. 중간 목표는 내 비전과 꿈의 달성을 가리키고 있어야 한다. 중간 목표는 꿈을 이루기 위한 과정의 일부다. 이 목표를 하나씩 달성하려 노력하며 꿈을 향해 가고 있음을 잊지 말아야 한다.

07

자기 관리 달인의 필수품,
스터디 플래너

"승자는 시간을 관리하며 살고,
패자는 시간에 끌려 산다."

– J. 하비스

"선생님, 제가 이렇게 많은 시간을 길바닥에 버리는지 몰랐어요. 플래너에 쓰니까 알겠더라고요. 이제부터는 버스로 등·하교하면서 버리는 1시간 동안 영어 듣기나 영어 단어 암기를 해야겠어요."

"하루에 14시간씩 공부한다고 생각했는데, 플래너에 공부 시간을 기록하면서 생활을 하나하나 분석해보니, 실제로는 8시간 정도밖에 안 되더라고요. 다음 주부터는 낭비되는 시간을 최대한 줄여서 공부 시간을 확보해야겠어요."

'어떻게 하면 학생들의 시간 관리, 자기 관리를 도울 수 있을까?' 하고 고민하던 끝에 우리 학원에서 과학적인 연구를 통해 개발한 스터디 플래너를 써본 학생들의 감상이다.

스터디 플래너를 단순히 수첩이라고 생각하고 "그게 뭐가 중요해?"라며 귀찮아하는 학생도 있지만, 이는 그 기능을 잘못 이해한 것이다. 한 해 생활을 운영하는 데 있어 이만큼 효과적인 자기 관리 도구도 없다. 스터디 플래너를 통해 목표 관리, 시간 관리 모두 가능해지기 때문이다. 나는 학생이라면 분신처럼 갖고 있어야 하는 것이 바로 스터디 플래너라고 생각한다.

우리 학원에서는 선생님들이 스터디 플래너를 보고 학생들의 계획 관리 프로그램을 진행한다. 그리고 재미있게도 이 플래너를 보는 것만으로 학생들의 문제점들이 고스란히 드러난다.

"인터넷 강의를 듣는 시간에 비해 복습하는 시간이 너무 적네요. 강의를 1시간 들으면 복습을 최소 3시간은 해야지 온전히 자기화가 돼요."

"플래너를 보니 수학에 너무 많이 투자하고 있어요. 물론 이과라 수학이 중요하지만 언어와 영어도 해야지 대학에 갈 수 있어요. 다른 과목도 공부 시간을 확보해 주세요."

"너무 늦게 일어나네요. 수능은 아침 일찍 시작합니다. 8시 30분에 뇌가 완전히 깨어 있으려면 더 일찍 일어나야 해요. 생활 패턴을 바꿔보죠."

시중에서 파는 어떤 스터디 플래너도 좋다. 거기에 목표 대학의 이름과 사진, 목표로 하는 점수, 연간 계획, 월간 계획, 주간 계획, 일일 계획 및 일과를 채워 넣자. 한마디로 자기 관리를 도와줄 나만의

'기능성 플래너'를 만드는 것이다.

스터디 플래너에 계획과 실제 일과에 대해 최대한 많이 기록하면 하루를 어떻게 보내는지, 문제점은 없는지 알아낼 수 있다. 생활하는 데 있어 놓치고 실수하는 점을 바로바로 발견하고 고칠 수 있어 같은 실수를 되풀이하지 않게 된다. 점차 자기 관리의 달인이 돼가는 것이다.

목표 관리
– 종이에 적으면 기적이 일어난다

목표 관리의 핵심은 '종이에 기록'하는 것이다. 목표한 수능 등급을 플래너 첫 장에 적고, 3월, 6월, 9월의 목표 등급도 확실하게 정해두자. 그리고 이 목표 등급을 받기 위한 계획을 적어나가자. 시기별, 월별, 주별로 명확한 계획이 세워져 있다면 누수 시간 없이 타이트하게 자신을 관리하는 것이 가능해진다.

마음이 잡히지 않는다며 좀처럼 공부에 집중을 못하고 멍하니 앉아만 있는 학생이 있다. 왜 마음이 잡히지 않을까? 그 이유는 그 시간에 해야만 하고, 해내야만 하는 계획이 명확하지 않기 때문이다. 미션이 있고, 이뤄야 할 꿈이 손에 잡힐 듯 보인다면 시간을 아깝게 날려 보낼 수 없을 것이다. 이것이 바로 '목표 관리'의 힘이다.

시간 관리
– 시간 씀씀이를 기록하고 분석하기

목표를 아무리 잘 세웠어도 계획이 뒷받침되지 않으면 아무 소용이 없고, 계획을 잘 짰어도 이를 실천하지 않으면 계획이 없는 것이나 다름없다. 계획과 실천은 늘 함께 다녀야 하는 짝이란 것을 명심하자. 이렇게 중요한 계획과 실천을 관리하는 데 있어서 적극 활용하면 좋은 것이 바로 스터디 플래너다. 계획한 공부를 잘하고 있는지, 부족한 부분은 없는지 항상 체크할 수 있다.

시간 씀씀이를 기록하면 하루를 남들보다 더 길게 쓸 수 있다. 세계적인 석학 피터 드러커Peter Drucker는 시간 관리의 노하우를 한마디로 이렇게 말했다. "너의 시간을 알라." 그러기 위한 첫 번째 단계로 '시간을 기록'하라고 한다. 성과를 올리는 사람은 일에서 출발하지 않는다. 계획에서 출발하지도 않는다. 바로 시간에서 출발한다. 시간이 얼마나 걸리는지 명확히 파악하는 것에서 출발한다.

하루 공부를 마치면 반드시 스터디 플래너에 일과를 기록하고 분석해보자. 피터 드러커의 말처럼, 성적을 올리기 위해서는 내가 계획을 완수하는 데 시간이 얼마나 걸리는지, 하루에 해낼 수 있는 공부량이 얼마나 되는지 파악하는 것이 중요하다.

자신이 실제로 공부할 수 있는 양을 제대로 가늠하지 못하면 무리한 계획을 세우게 되고, 그 결과 계획이 밀릴 수밖에 없다. 계획이 자꾸만 밀리면 나중에는 감당할 수 없는 분량이 된다.

또한 내가 하루를 어떻게 쓰고 있는지, 시간을 잘 활용하지 못하고 비효율적으로 공부하는 것은 아닌지도 매일 점검해봐야 한다. 만약 문제점이 보인다면 대책을 고민하자.

① 하루 학습량을 제대로 파악하지 못하고 무리한 계획을 세웠는가
② 적정한 학습량을 계획했음에도 비효율적으로 공부해서 완수하지 못했는가
③ 어떤 과목을 공부할 때 문제가 생겼는가

피드백을 통한
자기 관리력 성장

자기 관리란 다른 무엇보다 철저한 시간 관리에서 시작된다. 피터 드러커는 자기 관리의 중요한 도구로 '피드백'을 평생 해왔다. 일과를 마치면 시간을 어떻게 썼는지 기록하고, 각 계획에 따른 실제 소요 시간을 따져보는 것이다.

스터디 플래너에 자신의 일과를 기록하고 분석하면 내가 어디서 시간을 낭비하고, 또 어떻게 시간을 더 잘 활용할 수 있는지 명확히 알아낼 수 있다. 제한된 시간을 매일같이 잘 쓰고 있는지 체크하고 보완하니 계획을 쉽게 완수할 수 있고, 흘려보내는 시간 없이 자기 자신을 잘 관리할 수 있게 된다.

사람은 변하기 쉽지 않고, 항상 같은 지점에서 실수를 반복한다. 그러므로 우리는 스스로를 피드백해 반복되는 실수를 고치고, 자기를 관리해나가야 한다.

생각보다 스스로를 분석하고 피드백하는 학생이 많지 않다. '아, 오늘 이것밖에 못했네.' '힘들다. 집중이 잘 안 되네.' 이렇게 소극적으로 생각할 뿐 '왜 오늘 이것밖에 못 했는지 원인을 찾아보자. 어떻게 개선하지?'라고 적극적인 자세로 대처하지 않는다.

'왜 집중이 안 되지? 원인이 뭘까? 아, 스마트폰을 봐서 잡생각이 많아졌구나. 그러면 어떻게 개선하지? 앱을 지우고 공부 시간에는 스마트폰을 사물함에 넣어버려야겠다.'

이렇게 적극적으로 해결책을 세우려들어야 한다. 이런 학생들이 결국 좋은 성적을 받는다. 같은 실수를 반복하지 않는지 생활을 점검하고, 차츰차츰 습관을 바꿔가며 자신의 한계를 뛰어넘자.

미친 실행력,
기록해야 달라진다

다시 한 번 강조하고 싶다. 목표 달성의 핵심은 '기록'하는 데 있다. 종이에 명확한 목표를 적고, 이를 달성하기 위한 구체적인 계획을 세워서 실천하고, 피드백한다면 불가능이란 없다. 마지막에 웃는 사람이 되기 위해 독하게 마음먹고 하루하루의 목표를 미친 실행력으로 달성해나가자. 철두철미하게 자신을 관리하자.

목표 달성을 위한 도구로 스터디 플래너를 적극 활용하자. 공부에 관련한 모든 것들을 담아보자. 목표 대학의 이름과 사진, 목표로 하는 점수, 자극을 줄 문구들, 힘을 복돋워줄 가사, 좋아하는 것들, 친구들과의 추억이 담긴 사진 등 보기만 해도 동기 부여를 해주고, 긍정적인 힘이 나게 하는 것들을 모두 담는 것이다.

또 하루하루 쌓여가는 실천 기록을 보면 자신이 얼마나 수험 생활을 잘하고 있는지 뿌듯해질 것이다. 더불어 자신을 믿는 마음, 자신감이 생겨날 것이다. 더욱 열심히 계획을 실행하게 되고, 그만큼 성큼성큼 꿈에 다가갈 수 있다.

나중에 대학에 합격하고 다시 스터디 플래너를 본다면 인생의 걸작으로 느껴질 것이다. 치열하게 노력하고 꿈을 위해 몰입했던 하루하루의 기록이 담긴, 뜨거운 청춘의 기록! 이렇게 미친 듯이 살았고 결국 해냈다고 자랑스럽게 말할 수 있는, 빛나는 인생의 날들로 남아 오래도록 자신에게 힘을 줄 것임을 확신한다.

08

공부하고 싶어지는
장소를 찾아라

"빨리 가려면 혼자 가고
멀리 가려면 함께 가라."

– 아프리카 속담

10여 년 전, 나는 공부에 대한 열망이 가득한 학생들을 모아 24시간에 대한 계획을 직접 세워줬다. 각 학생의 성적에 맞춰 매일매일의 학습 일정표를 전부 세워준 것이다.

"국어는 아침에 일어나자마자 2시간, 수학은 이 수업을 1시간 듣고 마인드맵으로 복습한 뒤에 문제를 풀고, 영어 단어는 점심시간 1시간을 이용하도록 해. 탐구는 이때 하고……."

"이 계획대로 하면 무조건 올해 SKY 갈 거다! 지금 성적과는 관계없어. 가장 지름길로 성적을 올리는 비법이니까! 이렇게 하면 누구나 SKY를 갈 수 있다. 먼저 공부한 선배들이 검증했다."

방학을 맞이해 하루에 12시간씩, 모든 과목을 빈틈없이 공부해 완벽한 성적을 받을 수 있도록 세운 계획이었다. 나는 학습 일정표에 예상 시간과 함께 실제 소요 시간을 적어 넣는 칸까지 만들어, 학생들이 집에 가서 직접 공부하며 기입해보라고 했다. 어떻게 공부해야 할지 방향도 모르고, 계획도 세우기 힘들어하는 아이들에게 '이대로만 하면 무조건 성적이 오르는' 명문대생 공부법을 가르쳐주니 다들 기뻐했다.

"감사합니다. 선생님! 진짜 이렇게 해주는 데는 어디도 없을 거예요. 오늘부터 진짜 열심히 할게요."

그런데 막상 그 결과는 학생들에 따라 천차만별이었다. 원래 공부 습관이 있는 학생들은 하루에 12시간씩 잘해 왔고 놀랍고도 탁월한 학업 성취를 보여주었지만, 공부 습관이 배어 있지 않은 학생들은 혼자서는 너무 어렵다고 했다. 왜 혼자서는 잘 못하는 걸까? 간절했던 마음이 어느새 해이해지고 좀처럼 몸이 따라주질 않는다고 호소했다. 고심 끝에 나는 한 가지 아이디어를 생각해냈다. 성적을 올리려면 자기 공부를 엄청나게 해야 한다. 그런데 혼자 하는 것이 힘들다? 그러면 학생들을 한데 모아 함께 학습시켜야겠다. 이런 생각을 한 것이다.

한 장소에서
모두 함께 공부한다

학생들을 아침 8시부터 밤 10시까지 집에 보내지 않고 '자기 공부'를 하게 시킨다! 이는 선생님을 중심으로 운영되는 기존의 학원 스타일과 정반대였다. 철저히 학생을 중심으로 한, 수업 내용을 익히고 체화하고 자기 주도적으로 학습을 계획하고 실천할 수 있도록 돕는 신개념 학원! 일찍이 없었던 독학 특별 관리 시스템이었기에, 나는 자기주도학습 체계와 함께 자기 공부를 돕는 다양한 커리큘럼을 꾸준히 개발했다.

효과는 놀라웠다! 일주일에서 한 달 정도의 적응 기간을 거치자, 혼자서는 그렇게 힘들어했던 학생들이 학원 학습실에서 다른 사람들과 함께 12시간도 거뜬히 앉아서 공부하는 것이었다! 학생들도 신기해했다.

"하루에 10시간, 12시간씩 공부했다는 합격 수기를 읽으면 완전 꿈같은 얘기네, 그렇게 생각했거든요. 저는 하루에 3시간도 힘들었으니까요. 그런데 여기 오니까 할 수밖에 없고, 또 저절로 그렇게 되고, 그래서 정말 좋아요. 제 자신이 너무 좋아요. 일과를 마치고 잠이 들 때면 뿌듯해요."

"이 장소가 너무 좋아요. 중독성이 있어요."

학생들이 점차 자신에 대해 자부심을 갖고, 뭐든 할 수 있다는 자신감까지 갖게 됐다.

여기를 봐도 저기를 봐도 공부에 열중하는 학생들로 가득한, 면학 분위기로 뜨거운 공간. 그런 공간 속에 있다보면 함께 공부할 수밖에 없고, 하게 되고, 누수 시간이 없어진다. 이렇게 학생들이 열정적으로 공부에 빠져들게 되는 이유는 '거울 효과' 때문이다. 우리 학원에 처음 온 학생들이 흔히 하는 이야기가 있다.

"학습실에 검은색 티셔츠 입은 애가 있잖아요. 그 애는 제가 아침에 오면 이미 공부를 한창 하고 있고, 하루 종일 꼼짝 않고 책만 들여다봐요. 화장실도 안 가는 것 같고. 그 애를 보면 아 '쟤, 한번 이겨보고 싶다. 그럼 나도 진짜 성공하겠다' 싶어요. 그래서 지난주부터 본격적으로 그 애의 스케줄에 따라서 생활했는데, 진짜 공부가 잘돼요. 저, 성공하겠어요."

나는 이 놀라운 사실을 세상에 알리고 싶었다! 공부 장소가 계획을 '실천'할 수 있게 만들어주는 핵심 '열쇠'라는 것을 말이다. 독학은 사람에 따라 많은 의지를 필요로 한다. 그럴 때는 '공부하는 사람들'이 있는 공간으로 자리를 옮겨보자. 자습실, 도서관 등 모두가 열심히 공부하는 곳에는 사람을 자연스럽게 집중하게 만드는 어떤 힘이 있다. 공부 장소는 계획을 실천하느냐 못 하느냐를 좌우하는 엄청난 열쇠다!

CHAPTER
3

1% 공부 고수들의
자기주도학습법

STEP 1

STEP 2

빠른 성과

STEP 3

STEP 4

STEP 5

"인생에 있어서 잘못 알고 있는 것 중 하나는
현재가 결정적으로 중요한 시기가 아니라고 여기는 것이다.
매일매일이 그해 최고의 날이라는 것을 마음속 깊숙이 새겨라.
지금 이 순간을 충실하게 보내는 사람이 잘 사는 사람이다."

– 랠프 월도 에머슨 Ralph Waldo Emerson

01

효율적인 공부란
무엇인가

"성공한 사람이 될 수 있는데
왜 평범한 이에 머무르려 하는가?"

– 베르톨트 브레히트 Bertolt Brecht

많은 학생들이 '어떻게 공부하지? 어떻게 공부하면 성적을 많이 올
릴 수 있을까?' 하고 고민한다. 진정한 진리가 단순하듯이 성적을 올
리는 원리 또한 간단하다. 공부할 때 다음의 공식을 항상 기억하자.

성적 = 공부 효율성(방향과 속도) × 공부의 양(시간 × 노력)

성적을 많이 올리려면 먼저 공부 방향을 잘 잡아야 한다. 어느
시험이나 성적을 올리는 노하우가 '반드시 존재'한다. 그 노하우를

빨리 수집해야 한다.

공부 방향을 잘 잡았다면? 다음에는 속도를 잡아야 한다. 효율적인 공부법을 익혀야 한다. 혼자서 무식하게 노력할 생각을 말고, 똑같은 노력을 하더라도 더 효과적인 방법은 없는지 찾아서 익혀보는 것이다. 수업을 들을 때에도 보다 효과적인 필기법은 없는지, 복습은 어떻게 해야 기억에 많이 남는지, 문제집은 어떻게 고르고, 시험공부는 어떻게 해야 결과가 좋은지 이것저것 시도하며 자신과 맞춰봐야 한다.

여기까지 했다면 그다음은 '누가 더 많이 공부했느냐'의 싸움이다. 사실 공부 방향은 다들 곧잘 잡는다. 좋은 인터넷 강의 선생님이 누군지, 어떻게 해야 1등급을 맞는지 다 안다. 다만 실천을 하지 못할 뿐이다. 그렇기 때문에 실천력이 곧 그 사람의 실력이자 능력이 된다.

2장에서 방향을 잡는 방법, 제대로 계획 세우는 방법에 대해 하나하나 소개했다면 3장에서는 속도에 대해 말하고자 한다. 공부에서 속도를 내는 것을 우리는 '효율적인 공부'를 한다고 한다.

공부 잘하는 학생들은 효율 면에서 남다르다. 자동차 경주에서 공부 못하는 학생이 경차를 타고 있다면 공부 잘하는 학생은 포르셰를 타고 있는 꼴이다. 성적 올리는 속도가 다르다. 공부 잘하는 학생은 1시간의 노력으로 3시간 공부한 효과를 내버린다. 적은 시간으로 큰 효과를 얻는다. 이것이 명문대 자기 주도 공부법 제1 법칙이 '효율성의 법칙'인 이유다.

공부 효율 높은 아이 vs
공부 효율 낮은 아이

지금 공부를 잘한다고 해서 그 학생이 처음부터 포르셰 같은 속도를 낸 것은 아니다. 누구나 처음에는 경차로 시작한다. 태어나서 공부를 한 번도 '스스로' 해본 적이 없는 학생, 자신만의 공부법이 제대로 구축되지 않은 학생 모두 처음에는 공부 효율이 낮다. 공부를 시작하는 데도 부팅 시간이 길다. 책상 정리도 해야겠고, 개념 잡는 속도도 느리고, 뭐든 시간이 걸리고 느리다. 이때 포기하지 않고, 엉덩이를 붙이고 앉아 진득하게 노력해서 차츰 공부량을 늘려야 한다. 하면 할수록 속도가 붙는다. 시행착오를 많이 겪을수록 좋다. 조언 받은 공부법으로도 해보고, 성적 좋은 누군가를 똑같이 따라 해보기도 하는 것이다. 그런 과정에서 자신에게 맞는 공부법을 발견하고, 점차 속도를 높여 포르셰급으로 진화하게 된다.

늘 성적 올리는 공식을 떠올리며 공부하자. 성적 = 효율성 × 공부량! 내가 공부 효율이 좋은가? 경차급인가, 포르셰급인가? 공부량은 적당한가? 성적이 오를 정도로 충분히 하고 있는가? 포르셰를 탄다 한들 몇 시간 타지 않으면 멀리 나가지 못한다. 시간과 노력이 함께해야 성적이 더 많이 오른다.

부모들은 흔히 자녀가 책상 앞에 앉아만 있어도 흐뭇해하고, 학원에 다녀왔다고 하면 공부 열심히 하고 있다고 기뻐한다. 하지만 진짜 공부는 학생이 직접 하는 것이다. 직접 공부하는 시간을 주지 않으면 말짱 헛것이다. 학원 수업, 인터넷 강의, 과외는 모두 간접 공부일 뿐이다. 직접(스스로 공부해 머리에 넣은 것) 한 것이 아니므로 수험장에서 기억나지 않아 써먹지 못할 가능성이 높다. 성적을 올리는 데 조금밖에 영향을 주지 못하는 것이다. 모든 간접 공부한 내용은 직접 공부(자습)로 다시 해야 한다. 스스로 고민하고, 이해하고, 노력해서 답을 얻어내는 과정에서 실력이 붙는다. 그렇기 때문에 '내 공부 시간 확보'가 굉장히 중요하다. 직접 공부, 자기주도학습을 하는 시간을 충분히 확보해야 한다.

공부 효율성이
성적 향상으로 연결된다

열심히 하는 것은 기본이지, 목적이 아니다. 우리의 목적은 시험에서 점수를 내는 것이다. 성적을 올리는 효율적인 공부를 해야 한다. 효율성은 공부 시간 대비 성적 상승 정도다. 노력에도 전략이 있어야 한다. 노력은 엄청나게 많이 하고 시간도 많이 들였는데 성적이 조금밖에 오르지 않았다면 학습 효율이 낮은 학생이다. 반대로 상대적으로 노력은 덜했는데 성적이 크게 오른다면 학습 효율이 높은 학생이다. 우리는 똑같은 시간을 들이고도 남들보다 더 많이 성적을 올리는 효율적인 공부법을 터득해야 한다. 늘 제한된 기간 내에 성적을 가장 높이 끌어 올릴 수 있는 '방법을 고민'하도록 하자.

이 책을 쓰기 위해 나는 수년 간의 학생 지도 경험과 학습 노하우를 바탕으로 명문대생 200명을 상대로 세밀한 조사를 실시, 공통적으로 발견되는 공부법을 찾아내고자 했다. 그렇게 해서 알아낸 명문대생의 효율적인 공부법을 지금부터 소개하겠다. 순차적으로 수업을 듣는 법부터 기적의 복습법, 과목별 마인드맵으로 개념 익히는 법, 단권화하는 법, 문제 풀이 활용법, 실전 대비 공부법 등을 모두 알 수 있을 것이다.

02

수업을 생생히 복기하는 '생방송 라이브 필기법'

> "행동의 가치는 그 행동을 끝까지 이루는 데 있다."
>
> – 칭기즈칸 Genghis Khan

"필기한 것 좀 볼까?"

"저는 필기 잘 안 해요. 잘 못해요."

"그렇구나. 그런데 필기한 게 없으면 수업 내용이 잘 기억 안 나지 않아?"

"뭘 적어야 될지 모르겠어요. 제가 쓴 노트는 볼 게 없어요."

나는 학생들과 상담할 때 꼭 필기를 어떻게 하는지 묻는다. 노트만 봐도 그 학생의 성적이 어느 정도인지 단번에 알 수 있다. 명문대 합격생들의 노트는 그 자체만으로도 수업 내용을 전부 알 수 있다. 그뿐 아니다. 과목별로 일목요연하게 핵심 개념이 정리돼 있고,

자신만의 오답 노트, 실수 노트 등 노트라는 도구를 다양하게 활용할 줄 안다.

그런데 공부를 잘 못하는 아이들은 수동적인 학습 환경에 익숙해 수업을 어떻게 자기 것으로 만드는지도 모르고, 노트 활용도 잘 못한다.

유난히 성적이 뛰어난 학생이 있었는데, 수업 내용을 자기화하는 데 탁월하고, 또 집념도 대단했다. 이를테면 수업 내용을 토씨 하나 빠뜨리지 않고 받아쓰고, 수업이 끝난 뒤에 종이 한 장에 완벽히 정리해내는 것이다.

"어쩜 그렇게 한 마디도 놓치지 않고 다 적을 수가 있니?"

"전 수업 시간에는 오직 선생님 말씀과 수업 내용에만 집중해요."

수업 내용을 어느 것 하나 놓칠 일이 없는 공부법이었다.

명문대생들의 공부 비법
'생방송 라이브 필기법'

우리 학원에는 '명작'이라고 불리는 노트들이 있다. 합격생들이 남긴 것인데, 이 노트들에는 공통점이 있다.

명문대생의 공부 비법 중 하나는 수업 시간에 듣는 내용, 보는 내용을 토씨 하나 빠뜨리지 않고 모조리 적는 '생방송 라이브 필기법'이다. 이렇게 필기한 노트는 보기만 해도 수업 시간에 선생님이 뭐라고 했는지 전부 알 수 있다. 수업의 목표를 내용 이해가 아닌 '전부 받아 쓰기'로 한다.

이 필기법은 '재현성'이 높아 복습할 때 수업 내용을 '생생하게' 떠올릴 수 있게 한다. 수업을 들을 때는 이해하지 못했던 핵심 내용이나 선생님이 강조했던 부분을 정확하게 뽑아내는 것이다. 필기의 목적은 학생 자신에게 인상 깊은 내용을 적어두는 것이 아니다! '수업의 기억을 완벽히 재현하는 것'이다.

수업은 항상 생방송이다. 그 순간 놓치면 끝이다. 그래서 필기가 생명이다. 노트를 보면 내가 그 수업을 얼마만큼 이해하고 얼마만큼 받아들였는지가 극명하게 드러난다.

중간고사나 기말고사를 준비할 때 수업 시간에 필기한 노트를 보면, 꼼꼼하게 받아쓴 경우와 하얀 면이 대부분인 경우가 있다. 뭔가가 빽빽이 적혀 있고 붉은색 밑줄이나 별표가 있으면 선생님이 매우 중요하다고 강조한 부분이라는 것을 금방 알겠지만, 귀찮아하며 아무것도 적지 않았다면 뭐가 핵심인지 구분이 가지 않는다. 그러니 시험공부를 하는 데도 속도가 다를 수밖에 없다.

잘된 필기는
수업 내용을 그대로 재현한다

필기는 공부하는 데 없어서는 안 될 가장 중요한 요소다. 수업 내용을 전부 이해하고, 머리에 넣고 싶은 지식을 확인하고, 자기 것으로 만드는 것이 핵심적인 요소다. 하지만 그저 판서를 옮겨 쓰기만 해서는 강의 메모에 지나지 않는다. 시간이 지나면 아무리 들여다봐도 그날 수업 내용을 모두 떠올리지 못한다. 판서한 것 말고 선생님이 수업하면서 강조한 핵심 메시지가 있을 텐데 놓쳐버리고 만다.

성적을 올려주는 필기는 '수업 내용을 재현할 수 있는 필기'다. 처음부터 꼼꼼히 다 적겠다고 마음먹고, 판서든 선생님 말씀이든 듣고 본 모든 내용을 빠짐없이 적도록 한다.

수준 있는 필기는 수업 때 얻은 지식과, 오답을 복습하면서 보완한 내용을 체계화해서 카테고리를 만드는 과정을 거쳐야 완성된다. 단순히 옮겨 쓰기만 해서는 안 된다. 그런 필기는 실력을 탄탄하게 만들어주지 못한다. 각각의 지식들을 서로 연결 지어가며 체계화해야 한다.

필기를 하면서 지식을 체계화한다는 말은 수업을 듣고 머릿속에 들어온 지식의 조각들을 서로 연결시킨다는 의미다. 이렇게 해두면 아무리 어려운 문제를 맞닥뜨리더라도, 이를 푸는 데 필요한 수업 내용과 접근 방식 등이 줄줄이 생각날 것이고, 그 논리를 따져 쉽게 답을 알아낼 수 있다. 열심히 공부했는데 생각이 나지 않거나 돌아서면 잊어버리는 것 같아도 공부한 내용이 두뇌 속에 저장돼 있기 때문이다. 그럼에도 공부한 내용이 생각나지 않는 경우가 있다면 그것은 머릿속 지식을 완전히 자기 것으로 만들지 못했거나 자유자재로 출력하는 훈련이 덜 된 탓이다.

학습 목표와 관련된 것은 뭐든 필기해라! 필기를 정리하는 과정에서 엉켜 있는 지식이 체계적으로 정돈되기 때문에 공부가 잘되고 실력이 향상된다. 헷갈리거나 생각이 잘 나지 않을 때는 다시 한번 정리된 내용을 보면서 머릿속에 확실히 심어둘 수 있어 실력을 단단하게 다질 수도 있다.

공부 내용을 생각하며 적은 잘된 필기는 기억을 능가한다. 또한 생각을 기록하는 것은 유한한 것을 무한한 것으로 만든다. 백지 위에 뭔가를 적는 것은 그리 힘들지 않다. 하지만 그렇게 적는 것과 적지 않는 것은 결과적으로 엄청난 차이를 만들어낸다.

03

일주일 만에 효과 보는
기적의 복습법

"늦게 시작하는 것을 두려워 말고,
하다 중단하는 것을 두려워해라."

– 중국 속담

앞에서 설명했다시피 우리의 뇌는 정보를 받아들이면 단기 기억과 장기 기억으로 분류한다. 단기 기억이란 필요에 의해 일시적으로 저장되는 기억으로, 필요가 없어지면 바로 사라진다. 반면 장기 기억은 특별한 의미가 있거나 강렬한 자극을 받아 무의식에까지 각인돼 오랫동안 잊히지 않는다.

공부한 내용을 단기 기억에서 장기 기억으로 바꾸려면 일정한 간격을 두고 반복적으로 복습을 하면 된다. 그렇게 저장된 기억은 처음 상태 그대로 유지된다. 효과적인 반복 학습이 망각을 이겨내는 것이다.

반복할수록
성적은 오른다

복습의 중요성, 반복 학습의 중요성은 몇 번을 강조해도 지나침이 없다. 계획을 짤 때는 반드시 한 번 공부한 내용을 간격을 두고 여러 번 반복 학습할 수 있도록 배분해야 한다. 절대로 잊지 말자. 모든 공부는 세 번 이상 봐야 성적이 오른다!

반복적으로 복습하지 않으면 하나도 하지 않은 것과 마찬가지다. 배운 내용을 수험장에서 써먹지 못하는 것은 매한가지이기 때문이다. 공부를 해봤다면 느꼈겠지만, 틀린 수학 문제를 아무리 열심히 공부해도 며칠 뒤 풀어보면 또 틀리는 경우가 있다. 풀이도 기억나지 않고, 감도 오지 않는 것이다. 그 이유는 내 것으로 만들지 못했기 때문이다. 무의식에까지 각인될 정도로 '자기화'가 돼야 숨 가쁜 수험장에서 자연스레 써먹을 수 있다.

성적을 올리기 위해서는 듣기만 할 것이 아니라 내 것으로 만들어야 한다. 수업 시간에 배운 내용을 내 것으로 만들기 위해서는 1시간 수업당 평균 3시간의 자기주도학습이 필요하다. 세 번은 반복해야 머릿속에 완전히 각인돼 자유자재로 써먹을 수 있다. 실제 수험장은 매우 긴장되고 떨리는 분위기로 가득하다. 그런 어려운 분위기에서도 문제를 술술 풀어나가려면 공부한 내용이 무의식에까지 자리 잡고 있어야 한다.

일주일 만에 효과 보는 세계 최고의 공부법
– SR 시스템 학습법

SR 시스템 학습법은 그 놀라운 효과로 인해 세계 최고라고까지 불리는 학습법이다. 원리는 단순하다. 3단계, 10회 독파. 수험서 한 권을 3단계로 나눠 총 10회 독파하면, 굳이 외우려 애쓰지 않아도 책 내용이 전부 머릿속에서 정리된다는 의미다. 이는 세계 석학들이 연구한 뇌 과학 및 심리학 이론과도 통하는 부분이 있다. SR 시스템 학습법의 가장 큰 특징은 공부하는 사람의 마음을 스트레스 없는 편안한 상태로 만들어, 뇌가 아무런 장애나 거부감 없이 유연하게 공부하는 내용을 받아들이도록 한다는 데 있다.

SR 시스템 학습법의 개발자 임성룡 씨는 50대의 나이에, 지능이 남들과 크게 다르지 않음에도 불구하고 이 학습법을 통해 손해 보험 중개인 국가 고시 수석 합격, 생명 보험 중개인 국가 고시 3등, 금융 자산 관리사 합격 등 상당한 성과를 올렸다. 임성룡 씨는 주로 문과 계열 시험에 도전했지만, 이과 계열인 수학, 물리 등에도 이 학습법을 적용할 수 있다. 예를 들어 문제를 보며 30초 동안 생각한다. 만약 그 안에 답이 떠오르지 않으면 바로 정답과 풀이 과정을 빠르게 훑는 식이다.

"열심히 공부했지만 점수가 오르지 않았어요."

"5시간 넘게 앉아서 공부했지만 하나도 생각나지 않아요."

이는 학생의 머리가 나빠서가 아니라 제대로 된 공부법을 모르기 때문이다. 효율적인 자기주도학습법 중 하나로서 '일주일 만에 효과를 볼 수 있는 SR 시스템 학습법'을 활용해보자.

복습 기간과 범위를 고려한
계획을 세워라

학습 계획을 짤 때 자기 공부 시간을 중심으로 하자. 듣는 공부는 혼자 해결할 수 없는 어려운 부분이나 약점을 보강하고자 할 때 필요하다고 생각하자.

학원을 다니거나 인터넷 강의를 등록할 때도 먼저 '내가 이 수업을 전부 흡수할 시간과 역량이 있는가' 하는 점을 고려하도록 한다. 최소 3회를 반복 복습해야 하므로, 1시간 듣는 공부를 하면 평균 3시간 정도 자기 공부를 하는 시간이 필요하다. 듣는 공부와 자기 공부의 비율을 1 대 3 정도로 설계해주는 것이 적당하다. 그렇지 않으면 듣는 공부에서 제대로 된 효과를 얻지 못한다.

빠르게
한 바퀴 돌리기

넓은 범위를 한 번 공부하는 것보다, 범위를 압축해 여러 번 복습해나가는 것이 성적을 끌어 올리는 데 더 효과적이다. 처음부터 너무 욕심을 부려 이 참고서도 보고, 저 문제집도 봐가며 한 바퀴 공부하려고 들면 안 된다.

당장 내일 시험을 본다고 했을 때 처음에는 필수적으로 봐야 하는 것들, 예를 들어 개념과 기출 문제를 위주로 살필 계획을 세운 뒤 빠르게 한 바퀴를 돌려야 한다. 가지치기할 것은 하고, 줄일 것은 줄이고, 중요도에 따라 우선순위를 정하는 것이다. 더 이상 쳐낼 것이 없다면 잠을 자지 않고서라도 공부 시간을 늘려 범위를 다 복습해내겠다는 단단한 각오가 필요하다.

04

단원별로
마인드맵을 그려라

"교육은 암기를 얼마나 열심히 했는지
혹은 얼마나 많이 아는지가 아니다.
중요한 것은 아는 것과 모르는 것을 구분할 줄 아는 능력이다."

– 아나톨 프랑스 Anatole France

공부는 열심히 하는데 성적은 잘 나오지 않는 학생들이 있다. 왜 그
런가 하고 자세히 지켜보면 시험에 나오지도 않을 것을 붙잡고 있
느라 정작 시험에 나올 부분을 제대로 공부하지 못한다. 반면 성적
이 좋은 학생들은 시험에 뭐가 나올지 핵심을 꿰고 있다. 이 차이는
어디서 오는 것일까? 바로 '개념 구조화 능력'이다. 이 단원에서 핵
심 개념이 무엇이고, 그 개념의 특징은 무엇인지, 파생되는 개념과
이론에는 무엇이 있는지 개념 간 상하 관계를 파악해내는 능력, 쉽
게 말해 단원별로 마인드맵을 그릴 줄 아는 능력이다.

핵심을 꿰뚫는
마인드맵 그리기

시험을 잘 보기 위해서는 머리에 든 지식을 재빨리 꺼내 쓸 수 있어야 하는데, 그러려면 마인드맵을 그려 머릿속에서 제멋대로 떠돌아다니는 지식들을 체계적으로 정리해둬야 한다.

1단계 | 수업 듣고 복습하기

앞으로 머리에 입력할 내용들을 이해하는 단계다. 수업 내용의 핵심을 파악하려 하기보다는 넓게 두루두루 이해해두는 것이 좋다.

2단계 | 단원의 전체적 구조 그려보기

한 단원의 개념 강의가 끝나면 그 개념을 '내 식'대로 노트에 정리하자. 단순히 '이거 알지' 하고 넘어갈 것이 아니라 개념의 상하 관계를 완벽하게 파악해야 한다. 그래야 머릿속에서 모든 개념들이 구조화되고, 정리된다. 되도록 한 단원을 한 페이지 안에 집약하는 것이 좋다. 뿌리부터 줄기로 뻗어나가는 느낌으로 정리하는 것이다. 핵심 개념이 무엇이고 줄기 개념이 무엇인지 중요도를 파악하고, 각 개념에서 출제되는 문제는 무엇인지 낱낱이 조사해 개념과 문제를 연결해볼 수 있다.

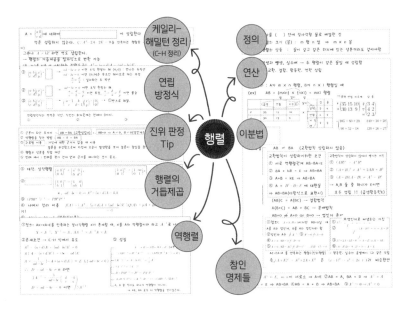

◀ 행렬 단원 개념 압축 예시

3단계 | 문제를 풀며 빠뜨린 내용 보충하기

실제로 문제를 풀다가 빠뜨린 개념을 발견하거나, 개념 심화를 하다가 추가할 내용이 생기면 포스트잇으로 마인드맵을 보충한다. 이런 과정을 거쳐 개념을 더욱 견고하게 구조화하고, 머릿속에서도 완벽하게 정리되도록 한다. 엉켜 있던 지식들이 마인드맵을 그리는 과정에서 정돈되기 때문에 효과적으로 개념 공부가 마무리될 것이다.

개념 공부는
단권화 작업으로 끝낸다

학교, 학원, 인터넷 강의 등 모든 수업은 단원별로 이루어진다. 머릿속에 떠돌아다니는 지식 조각들을 각 단원별로 한눈에 집약해둬야 한다. 머릿속에 정신없이 입력된 지식을 한번 정리해줘야 하는 것이다. 그래야 수험장에서 '출력'이 잘된다.

기본 개념서나 노트에 단원별로 내용을 정리하면 한 권에 모든 지식이 집약된다. 이것이 바로 '단권화 작업'이다. 마인드맵을 바탕으로 하고, 문제를 풀면서 발견된 미진한 내용을 포스트잇에 적어 붙여나간다. 이 과정을 통해 머릿속에서 지식이 체계화되고, 한눈에 단원을 파악할 수 있어 개념을 낱낱이 공부할 수 있다.

단권화 노트의 목표는 시험 보는 날, 이것 하나만 챙기면 될 정도로 내용을 압축하는 것에 있다. 보고 또 보며 자기 것으로 만들었기 때문에, 시험 직전 한 장, 한 장 넘기며 훑기만 해도 짧은 시간에 많은 내용을 되새길 수 있다. 이 단권화 노트로 개념 공부는 끝을 낸다고 보면 된다.

배운 내용을 단원별로 체계화하면 학교 시험뿐 아니라 수능에도 큰 도움이 된다. 모르는 문제를 맞닥뜨렸을 때 어떤 단원에서 출제됐는지 쉽게 알 수 있고, 출제자의 의도를 이해하기도 쉽다. 마찬가지 이유로, 프린트나 필기 노트도 단원별로 정리해두면 시험 때 머릿속에 저장된 지식을 꺼내 쓰기가 쉽다.

05

고수는 공부한 시간의
제곱으로 효과를 얻는다

"운은 계획에서 비롯된다."

– 브랜치 리키Branch Rickey

많은 학생들이 도대체 SKY는 어떤 사람들이 가는지 궁금해한다.
텔레비전에 출연한 수능 만점자를 보면 경외심마저 든다고 한다. 그
러면서 '쟤들은 태어날 때부터 머리가 좋았을 거야'라고 생각하는
아이들을 여럿 봤다.

정말 열심히 공부하는데 성적은 형편없는 친구를 본 적이 있을
것이다. 하루 종일 열심히 하는데 시험 점수는 늘 70점, 80점이다.
그러면서 자신은 머리가 나쁜 것 같다고 푸념한다. 하지만 이는 잘
못된 생각이다. 공부 머리가 없는 게 아니라 자신만의 공부 기술이
없을 뿐이다. 효율적인 공부법과 시간 활용법을 모르기 때문이다.

SKY 아이들에게는
자신만의 공부 기술이 있다

사실 SKY에 가는 학생 대부분은 만들어진다. 태어날 때부터 천재였던 것이 아니라 부단히 노력해서 공부 기술을 갖게 된 학생들이다. 처음에는 여기저기 부딪히고 깨지지만, 계속 하다보면 맷집도 생기고 공략하는 기술도 늘어 고수가 되는 '게임'과 똑같다.

스스로 공부하면서 끊임없이 시행착오를 반복하다보면 자신만의 공부 기술이 생긴다. 노력하는 것도 처음에야 무식하게 할 수밖에 없지만 나중에는 적당히 요령이 생긴다. 1시간 노력으로 3시간 효과를 내는 공부 기술을 갖게 되는 것이다.

그 비밀은 바로 뇌에 있다. 최신 뇌 과학 연구 결과에 따르면 '머리는 쓰면 쓸수록 더 좋아진다'고 한다. 컴퓨터도 쓰면 쓸수록 익숙해지고 처리가 빨라지는 것처럼 우리의 두뇌도 마찬가지인 것이다. 어떻게 보면 공부는 컴퓨터처럼 '내 머리 사용법'을 익히는 과정이다.

공부를 제대로 해보지 않은 학생은 아직 자기 머리를 잘 쓰지 못하는 사용자일 뿐이다. 처음 컴퓨터를 배울 때처럼 영어 단어를 머리에 입력하고 암기하는 과정이 느리다. 하지만 쓰면 쓸수록 어떻게 하면 되는지 사용법을 깨닫게 된다. 점점 성능이 좋아지고 업그레이드되고, 속도가 빨라진다.

SKY 합격생들도 마찬가지다. 그들도 처음에는 백지상태였다.

끊임없이 시도하고 부딪히면서 자신의 머리를 업그레이드한 것이다. 여러분도 지금부터는 적극적인 '머리 개발자'가 돼라. 늘 '어떻게 하면 성적을 많이 올릴 수 있을까?', '어떻게 공부하는 것이 효율적일까?' 같은 질문을 던지고 답을 찾아보는 것이다. 또 이미 이 단계를 정복한 고수들의 다양한 공부법을 찾아서 따라해라. 시행착오를 거듭해 효율적인 방법을 깨우쳐간다면 고수의 길에 들어서고 있는 것이다.

성적을 급속도로 올리는
실전 대비 훈련

시험 대비 훈련을 좋아하는 학생은 거의 없다. 시험 직전까지도 모의고사 훈련은커녕 개념 공부와 문제집 풀기에 바쁘다. 심지어 수능이 코앞인데 인터넷 강의를 듣고 있기도 한다. 왜 실전 훈련을 하지 않느냐고 물으면, 좋지 않은 결과가 나오면 예민한 상태에서 이를 어떻게 받아들일지 걱정된다고 한다. 혹은 그때까지도 모의고사 볼 준비가 되지 않았다고 말하기도 한다. 굉장히 안타까운 일이다.

준비가 안 됐다고 실전 대비 훈련을 하지 않고 계속 공부만 하는 학생은, 장대 한번 만져보지 않고 체력 단련실에서 죽어라 근력 운동만 하는 장대높이뛰기 선수와 같다. 실제로 장대를 들고 높이 뛰어본 적도 없으면서, 근력을 길렀으니 잘할 수 있을 거야 하고 생각하는 장대높이뛰기 선수를 상상이나 할 수 있을까? 경기 당일, 갑자기 울리는 총성에 당황해 주어진 시간 내에 뛰지 못한다면? 무리하는 바람에 근육이 뜻대로 움직여주지 않는다면? 장대를 들고 뛰기가 생각보다 힘들다면?

열심히 실력만 키운다고 실전에서 좋은 성과를 내는 것이 아니다. 실력을 성과로 연결시키는 '실전 훈련'을 해야 한다. 실제로 운동선수들은 경기 당일 생길지도 모르는 수많은 변수에 대비해, 다양한 조건에서 실전 훈련을 거듭한다. 뿐만 아니라 실전에서도 긴장하지 않는 강한 정신력을 갖기 위해 이미지 트레이닝 등 다양한 정신적인 훈련까지 겸한다. 경기 당일에 최고의 실력을 발휘하기 위해 만전을 기하는 것이다.

수험도 마찬가지다. 아무리 평소에 공부를 잘해도 실제 시험에서 실력을 발휘하지 못하면 모두 헛수고다. 시험 잘 보는 능력을 따로 길러야 한다.

지식을 자기 것으로 만들기 위해 노력하는 것이 입력이라면, 출력은 머릿속에 든 지식을 꺼내는 것이다. 공부 잘하는 학생들은 모두 입력 대비 수험장에서의 출력이 좋다. 남들이 입력하는 공부만 할 동안 출력하는 훈련까지 했기 때문이다. 공부 시간을 나눠, 반은 입력하는 데 쓰고 반은 출력 연습을 하는 데 쓴다. 시간을 정해두고 기출 문제를 풀어보고, 암기한 내용을 백지에 써보고, 모의고사 연습을 하는 등 부단히 출력해보는 것이다. 그렇게 훈련하다보면 어느새 출력을 잘하게 되고, 눈에 익은 유형의 문제는 답이 저절로 보이기까지 한다. 시험 잘 보는 요령이 생기는 것이다. 실력이 비슷해도 출력 훈련을 얼마나 했느냐에 따라 성적이 다르다. 고수는 그래서 공부한 시간의 제곱으로 효과를 보는 것이다.

시간 관리를 잘해
내 시간의 주인이 돼라

"그대는 인생을 사랑하는가? 그렇다면 시간을 낭비하지 마라. 왜냐하면 시간은 인생을 구성하는 재료니까. 똑같이 출발했는데 세월이 지난 뒤에 보면 어떤 사람은 뛰어나고 어떤 사람은 낙오자가 돼 있다. 이 두 사람의 거리는 좀처럼 좁혀질 수 없는 것이 돼버렸다. 이것은 하루하루 주어진 시간을 잘 이용했느냐, 이용하지 않고 허송세월을 보냈느냐에 달려 있다."

미국의 독립 선언서를 기초한 벤저민 프랭클린의 말이다. 시간을 어떻게 활용하느냐는 매우 중요하다. 누구에게나 하루 24시간이 주어진다. 그러나 그 시간을 쓰는 방법은 사람마다 다르다. 같은 시간이라 하더라도 얼마나 가치 있게 쓰느냐가 중요하다.

하루 중 가장 높은 효율을 낼 수 있는 황금 시간대가 있다. 이 시간대에 집중하면 몇 배의 능률을 올릴 수가 있다. 하루 중 방해받지 않고 정신을 집중할 수 있는 자기만의 황금 시간대를 찾아내 최대한 살려야 한다. 그 시간대가 누구는 새벽일 것이고, 누구는 저녁 자기주도학습 시간일 것이다. 여기서 무엇보다 중요한 것은 모든 시간을 황금 시간대로 만들려는 노력이다.

자투리 시간 또한 잘 활용하면 엄청난 효과를 얻을 수 있다. 자투리 시간이라고 하찮게 여기는 것은 금물이다. 처음에는 서투를지라도 계속 노력하면 자신만의 시간 관리 노하우를 찾을 수 있을 것이다. 스터디 플래너를 비롯해 여러 장치를 궁리해보자. 이렇게 시간 관리 노하우가 쌓이면 수험뿐 아니라 사회생활을 하는 데에도 도움이 된다.

누구나 공부 고수가 될 수 있다. 성적 올리는 공부법은 누구나 연마하면 가질 수 있는 것이다. 스스로 맹렬히 학습하는 자기 주도 공부를 통해 능력을 업그레이드시킬 수 있고, 효율적인 공부법과 시험 잘 보는 기술을 익힐 수 있다. 머리는 쓰면 쓸수록 좋아지고, 그렇게 해서 SKY에도 진학할 수 있다.

06

명문대 진학생들의
자기 주도 공부법

"탁월한 능력은 새로운 과제를 만날 때마다
스스로 발전하고 드러낸다."

– 발타사르 그라시안 Baltasar Gracian

어른들은 "공부 열심히 해라"라는 말을 많이 한다. 그래서 수험생들은 '열심히 공부하는 것'에 목적성을 갖고 책상에 몇 시간씩 앉아 있는 것에 만족한다. 엉덩이를 딱 붙이고 자리에서 꼼짝하지 않은 날에는 기분이 좋고, 자리를 많이 비웠다 싶은 날에는 자책감과 자괴감에 빠진다. 정말 '열심히' 공부하는 것이 관건일까?

앞서 말했듯 열심히 하는 것은 기본 전제이지 목적이 아니다. 수험생의 목적은 수험장에서 점수를 내는 것이다. 수많은 학생들이 알고 싶어 하고 선생님도 잘 가르쳐주지 않는 시험 잘 보는 비법은 따로 있다. 오랫동안 많은 학생들을 대학에 보내면서 발견한 그 비법을 지금 공개하고자 한다. 바로 '명문대 진학생들의 자기 주도 공부법 3법칙'이다.

제1 법칙, 효율성의 법칙
– 효율이 좋을수록 같은 노력을 해도 성적을 크게 올린다

열심히 공부하는 것은 기본이다. 관건은 효율적인 공부다. 똑같은 시간을 들이고도 남들보다 더 많이, 빠르게 성적을 올리는 효율적인 공부법을 터득해야 한다. 그래야만 성적 관성을 빠르게 깨고 등급을 올리고 합격 가능성을 높일 수 있다.

그렇다면 효율적인 공부법이란 대체 뭘까? 간단히 정리하자면 다음과 같다.

$$효율성 = \frac{성적\ 상승량_{Output}}{노력 \times 공부한\ 시간_{Input}}$$

한마디로 남보다 적게 노력하고, 적은 시간을 들이고, 그러면서도 성적은 많이 올리는 것이다. 태어나서 한 번도 '제대로' 공부해본 적이 없는 학생, 공부법이 제대로 구축되지 않은 학생은 대부분 효율이 낮은 자기 공부를 한다. 책상 앞에 앉아 있기만 하는 것을 공부라고 착각하기도 하고, 인터넷 강의나 학원 수업, 과외 받는 것을 공부라고 말하기도 한다. 그런데 이는 간접적 공부일 뿐 성적을 올리는 데 조금밖에 영향을 주지 못한다. 직접적 공부(내가 스스로 공부해 머리에 넣은 것)가 아니므로 수험장에서 기억나지 않아 써먹지 못할 가능성이 높다. 학생들은 늘 제한된 기간 내에 성적을 최대한 끌어 올릴 수 있는 방법을 고민해야만 한다.

제2 법칙, 시험 출력의 법칙
– 실전에서 실력 발휘를 할 수 있도록 대비한다

이론과 실전은 철저히 다른 게임이다. 제한된 시간에 순발력 있게 문제를 풀고, 또 효과적인 시간 안배로 모든 문제를 잘 풀고 나올 수 있도록 실전 훈련을 충분히 해야만 제 실력이 발휘된다. 시험 당일 상황을 구체적으로 예상해보고, 반복해서 기출 문제와 모의고사를 풀면서 시험 전략을 짜보는 등 시험에 대한 대비를 철저히 해야 한다.

전쟁터에 나갈 사람이 칼 휘두르는 연습도 해보지 않고 가는 것은 말이 안 된다. 이론 공부를 재빨리 끝내고 실전 훈련을 충분히 해라. 그래야 성적이 오른다. 실전에서 어떤 상황이 펼쳐질지 예상해야 변수에 일일이 대비할 수 있고, 자신에게 맞는 문제 풀이 기술과 시험 전략을 세울 수 있다. 좋은 성적을 얻기 위해서는 구체적인 실전 대비 트레이닝이 필수다.

제3 법칙, 정신력의 법칙
- 실전에서 무너지지 않도록 마인드 트레이닝을 한다

모의고사에서 늘 전 과목 1등급을 받는 재수생이 있었다. 모든 선생님이 그 학생을 수능을 가장 잘 볼 유망주로 손꼽았다. 그런데 이친구가 수능을 보기 몇 주 전부터 심하게 긴장하고 불안해하는 것이다. '왠지 불안하네. 분명히 실력이 뛰어난 친구인데'라고 생각했는데, 수능에서 처참한 결과를 받아 왔다. 정신 상태가 평소 같지 않아서 문제를 제대로 이해하지 못해 실수를 많이 한 것이다. 전해에 재수했던 이유도 똑같았다. "제 실력보다 수능을 못 봐서 한이에요. 재도전해서 제대로 해보고 싶어요"라고 말했는데, 또다시 같은 결과가 나온 것이다. 이 학생은 학습 능력이 아니라 정신력이 부족했던 것이다. 수험 준비 기간 동안 집중해서 키웠어야 하는 것은 학습 능력이 아닌 강한 정신력이었다.

반대로 어떤 학생은 학습 능력은 부족한데 실전 능력, 정신력이 강해서 평소보다 수능에서 훨씬 좋은 점수를 받기도 한다. 배짱도 있고 자기 확신도 강해서 "찍어서라도 맞힐 거예요"라고 말하고 다니고, 모의고사 실전 훈련 때는 실력보다 한 문제라도 더 맞히려 꾀도 부리고, 여러 가지로 시험 기술을 연구했다. 이런 친구는 부족한 학습 능력을 정신력과 실전 능력으로 커버해버린다. 수험장에서 다른 학생들이 떨고 긴장한 나머지 실수해서 평소 실력을 발휘하지 못할 때, 이 학생은 아는 것은 다 맞히는 것은 물론 실수도 하지 않고, 모르는 문제는 찍어서라도 맞혀버린다. 이런 학생들이 평소 그들보다 잘했던 학생들을 제치고 소위 '수능 대박'을 터뜨리는 것이다. 강한 의지를 가진 학생은 기어이 성공한다.

　정신력이 강하면 평소 자기 실력보다 높은 점수를 받을 수 있다. 수험 기간 내내 마인드 트레이닝을 하면서 정신력을 다지도록 하자.

| 명문대 진학생들의 자기 주도 공부법 3법칙 |

1. 효율성의 법칙

제한된 시간 내에 성적을 가장 많이 끌어 올릴 수 있는 방법을 늘 고민해야만 한다.

2. 시험 출력의 법칙

실전에서 어떠한 상황이 펼쳐질지 예상해 철저히 대비하고, 어떤 실전 전략과 기술로 실력 이상의 결과를 낼지 구체적으로 훈련해야 한다.

3. 정신력의 법칙

마인드 트레이닝은 수험 생활 동안 필수적으로 병행해야 한다.

07

시험의 달인으로 만드는
시험 대비 훈련

"해보지 않고는
당신이 무엇을 해낼 수 있는지 알 수 없다."

– 프랭클린 애덤 Franklin Adam

"시험 종료 5분 전입니다."

"!!!!"

누구든 시험이 곧 종료됨을 알리는 감독관의 말에 당황한 적이 있을 것이다. 아직 다 풀지도 못했는데, OMR 카드 마킹도 못 했는데, 어느새 시험 시간이 후다닥 지나가버린 것이다.

평소에 공부할 때는 잘 모르다가 수험장에만 가면 깨닫게 되는 사실이 있다.

'아! 시험 보는 연습 좀 할걸. 공부한 것도 다 못 쓰고 나왔네. 허탈하다.'

시험은 편안한 마음으로 공부하는 것과는 차원이 다른 게임이다. 제한 시간에 쫓기고, 잠시 방심했다간 실수해서 아는 것도 틀린다. 엄청난 집중력과 순발력이 필요하다. 오랜 시간 시험을 치르며 깨달은 사실은, 시험은 의식이 아니라 '무의식'이 치르는 것 같다는 것이다.

무의식적으로 문제를 풀어나가야 속도가 빠르다. 의식적으로 생각해봐야 하는 문제는 시간을 뺏기 때문에 일단 제쳐둬야 한다. 안 풀리는 문제에 발이 묶여 고민하다보면 어느새 시간이 훌쩍 흘러가 낭패를 본다. 결국 수험장에서 문제를 많이 풀려면 지식이 무의식에까지 깊게 각인돼 있어야 한다. 시험 잘 보는 공부를 따로 해야 하는 이유다.

압축하고 줄여가는
공부를 해야 한다

시험일에 맞춰서 줄여가는 공부를 해야 한다. 시험일이 임박해서는 시험 범위에 있는 지식들이 압축돼 머릿속에 완벽하게 자리를 잡고 있어야 한다. 시험 전날에는 머릿속에 잘 들어가지 않는 약점 파트만 집중적으로 반복해서 외우는 최종 작업을 해야 한다.

수험 준비 초반에는 전반적으로 공부한다. 핵심 내용뿐 아니라 덜 중요한 부분, 사소한 부분까지 넓은 범위를 두루두루 살피는 것이다. 중반에는 수업 내용을 토대로 복습하며 개념 정리를 시작한다. 마인드맵 등을 이용해 개념 구조화 작업을 하면서 핵심 내용과 아닌 것을 구분한다. 더불어 문제를 풀며 개념을 적용하는 연습도 한다. 종반에는 그간 공부한 것을 총정리하고 초반, 중반에 공부한 내용 중 내 것으로 만들지 못한 부분을 집중적으로 해결한다.

반드시 '시험 대비 훈련' 기간을 남겨둬야 한다

애초에 공부 계획을 세울 때 '시험 대비 훈련' 기간을 남겨둬야 한다. 그 기간을 빼고 공부 계획을 세우는 것이다. 수업을 듣고 개념을 익히고 문제를 푸는 것은 '시험 대비 훈련'을 시작하기 전에 미리 다 끝내두도록 한다. 시험 직전까지 개념 공부를 붙들고 있어서는 안 된다.

시험 시간은 차분한 마음으로 공부에 몰입할 수 있는 평소와 확연히 다르다. 시험을 준비하며 공부한 시간이 100시간이라면, 정작 시험을 보는 시간은 1시간 내외다. 100시간 공부한 것을 1시간 안에 쏟아내야 한다. 그것도 출제자가 원하는 방향에 맞춰서 말이다.

시험을 실전처럼 치러보는
시험 대비 훈련을 거듭한다

제한 시간에 맞춰 실전처럼 시험을 치러보자. 실전 시뮬레이션을 해
보는 것이다. 문제지의 경우, 처음에는 한 번도 푼 적 없는 기출문제
지가 좋다. 기출문제집이 없다면 예상 문제집을 활용하거나, 스스로
문제지를 만들어보는 것도 좋은 방법이다. 시험 대비 훈련을 마치
훈련 과정을 다시 떠올려보자.

| 시험 대비 훈련 후 체크 리스트 |

1. 시간 관리 전략

시간 배분을 비롯한 시간 관리를 잘했는가

2. 문제 풀이 전략

쉬운 문제를 먼저 푸는 등 정해진 우선순위에 따랐는가

3. 틀린 문제 확인

아는 것은 다 풀었는가. 어떤 부분이 약한가. 어디서 실수했는가

4. 보완 방안 마련

1, 2, 3에서 발견된 문제점을 어떻게 보완할까

훈련이 끝나면 그 과정과 보완점을
'시험 대비 노트'에 기록해라

프로 선수를 관리하는 코치는 선수의 훈련 과정 및 결과, 보완점을 철저히 기록한다. 이렇게 실전에 대비해 정확하게 기록하는 것만으로도 실력이 상당히 향상된다.

1. 시험 시간 분배 계획 짜기

예 다섯 문제마다 시간을 체크한다.

정기적으로 시간을 확인한다.

2. 문제 풀이 전략 짜기

예 먼저 풀 문제, 나중에 풀 문제를 정해둔다.

진전이 없는 문제는 빠르게 건너뛴다.

3. 오답, 실수를 줄이는 전략 짜기

예 문제를 끝까지 제대로 읽는다.

문제 풀이에 필요한 단서를 잘 찾아본다.

출제자의 입장에서 생각해본다.

08

하고 싶은 공부 먼저 vs
해야 하는 공부 먼저

"전략은 계획의 결과가 아니라 그 출발점이다."

– 헨리 민츠버그Henry Mintzberg

"하루 종일 일주일 내내 공부한 과목이 생물 하나뿐이니?"

"네."

"무슨 이유라도 있니?"

"생물부터 끝내놓고 다른 과목 하려고요. 이번 한 달 동안은 생물만 붙들고 있을 생각이에요."

수능이 끝나고 1월에 재수를 결심한 승일이는 하루 종일 생물만 공부했다. 다른 과목도 기본 실력이 갖춰지지 않아 대책이 시급해 보이는데, 한 달 내내 생물만 공부하겠다고 해서 입을 다물지 못했던 기억이 생생하다.

아직도 많은 학생들이 단순히 죽어라 공부만 하면 시험을 잘 볼 거라고 생각한다. 신화처럼 전해지는 합격 수기들을 많이 봐왔기 때문이다. 하루에 12시간씩, 15시간씩 공부해서 SKY에 합격했다는, 초인적인 노력의 결정판과 같은 수기. 그것을 읽고 '아, 1년 동안 초인적으로 노력하면 SKY에 가겠구나!'라고 은연중에 생각한다. 하지만 이는 엄청난 착각이다. 한 번도 죽도록 노력해본 적이 없어서 노력만 하면 누구나 SKY에 간다고 막연히 생각하는 것이다.

"시험에 노력상이란 없다."

오랫동안 입시를 지도하며 깨달은 엄청난 비밀이 있다면, 공부는 전략 싸움이라는 것이다. 공부를 열심히 하는 것도 중요하지만, 어떻게든 성적을 올릴 수 있는 지름길 중 자신에게 딱 맞는 학습 전략을 찾아내 빠르게 실력을 쌓는 것이 관건이다. 모든 시험은 전략 싸움이다.

공부에도
전략이 있어야 한다

시험을 잘 보기 위해서는 하고 싶은 공부가 아니라 해야 되는 공부를 요령 있게 하는 법을 알아야 한다. 하고 싶은 공부만 하는 것은 취미 생활에 지나지 않는다.

나는 승일이에게 겨울 방학 동안에는 비교적 성적이 오르는 데 시간이 필요한 '국영수'를 위주로 전반적인 기반을 탄탄하게 닦는 것이 중요하다고 말해줬다. 좀 더 하고 싶은 과목이 있어도, 종일 그 과목만 붙잡고 있기보다는 다른 과목들과 조금씩이라도 병행하는 것이 성적 향상에는 더 효과적이라고 말이다. 성적이 전체적으로 고루 오르려면 과목별로 전략을 잘 세우고, 이에 따라서 하루를 효과적으로 나눌 줄 알아야 한다. 과목별로 관리할 줄 아는 것 또한 실력이다.

내 조언을 듣고 승일이는 하루를 적절하게 나눠 국어, 수학, 영어, 탐구를 고루 공부하기 시작했다. 전체적으로 성적을 올리는 전략을 택한 것이다. 그렇게 겨울 방학을 과목별 학습으로 알차게 보내고, 3월 모의고사에서 좋은 결과를 거뒀음은 두말할 것도 없다.

막무가내로 덤비는 공부,
절대 하지 마라

학습 전략이건 입시 전략이건 잘 모르겠고, 그저 열심히만 하는 학생들이 많다. 하지만 이는 아주 잘못됐다. 수험생이라면 열심히 하는 것은 기본이고, 수능 당일에 시험을 잘 봐서 원하는 대학에 합격할 수 있는 점수를 따낼 수 있도록 '학습 전략'을 잘 세워야 한다. 매 순간, 전략가의 마음으로 임해야 한다.

비단 공부뿐 아니라 입시에 있어서도 전략·전술가가 돼야 한다.

치열한 입시 경쟁에서 벗어나 대학으로 탈출할 수 있는 다양한 전략을 최대한 많이 짜봐야 한다. 모든 가능성을 열어두고, 가장 수월한 방법에서부터 가장 어려운 방법까지 시나리오를 세워보는 것이다.

모든 수험생은 합격을 목표로 하는 전략가다. 수험 준비 기간에 냉철하게 상황을 판단하고 대비책을 세워둬야 한다. 무작정 '남은 기간에 더 열심히 하면 수능에서는 갑자기 성적이 잘 나올 거야. 그럼 대학에 가겠지'라고 낙관하며 앉아 있기보다, 빈틈없는 공부 전략과 최대한 합격 가능성이 높은 입시 전략을 세워 합격을 최우선 목표로 해야 한다.

입시의
빈틈을 노려라

학습 전략과 지원 전략, 이 두 전략을 어떻게 세우는가가 합격과 불합격을 가른다. 입시에는 빈틈이 많다. 수능이라는 시험은 특수해서, 평소에 열심히 공부했다고 무조건 성적이 잘 나오는 것도 아니고, 또 수능 성적순으로 대학에 가는 것도 아니다.

"100번 싸워 100번 승리하는 걸 최고라고 하지 않는다. 싸우지 않고 굴복시키는 것을 최고라고 한다."

손자孫子의 말처럼 싸우지 않고 이기는 것이 최고의 승리라고 할 때, 피 흘리지 않고 이기는 방법은 부딪히고 깨지는 시행착오를 최소화하는 것이다. 공부도 전략적으로 해야 진정한 승리를 거둘 수 있다.

입시를 준비하는 학생은 자신이 스스로의 학습 전략가가 됐다고 생각해야 한다. 매 순간 자신의 상태를 파악해서 전략을 짜고, 여기에 맞춰 치열하게 노력하고, 끊임없이 성적 향상을 꾀해야 한다. 영리한 공부를 해야 한다. 끊임없이 부족한 부분을 파악하고, 그 틈을 효율적으로 채우려 노력하고, 더 좋은 공부법이 있다면 과감히 바꿔야 한다. 또 내용 면에서도 여러 책, 여러 선생님의 정보를 빠르게 취합해 '내 것'으로 만드는 공부를 여러 번 반복적으로 해야 한다. 그리고 끝없이 자신에게 되뇌어야 한다.

"나는 최고의 전략가다. 나는 주어진 시간 내에 최대한 성적을 올리고, 동원할 수 있는 모든 전략을 구사해 반드시 원하는 대학에 합격할 것이다."

CHAPTER
4

나만의
공부 왕도를 찾아라

"'행동의 미학', 작은 행동들이 모여 큰 결과를 이뤄낼 때
이보다 더 적절한 표현이 있을까.
우리는 작은 행동이 어떤 목표를 향해 지속되기만 하면
어떤 분야에서건 놀랄 만큼의 큰 결과를 불러올 수 있다는 것을 안다."

– 김중근

01

전교 1등의
생활을 훔쳐라

"행동만이 삶에 힘을 주고,
절제만이 삶에 매력을 준다."

– 장 폴 리히터 Jean Paul Richter

"선생님, 제가 오늘 수학 쪽지 시험을 준비하느라 생물 시간 필기를
제대로 못 했거든요. 그래서 공부 잘하는 애 필기를 봤는데 별거 없
더라고요."

고3 이과인 경민은 늘 반에서 10등 안에 드는 중상위권 학생이
었다. 그런 경민이 평소 부러워하고 시기하는 같은 반 학생이 있었
다. 전교 5등을 벗어나본 적이 없는 재현이었다.

경민은 수학 쪽지 시험 때문에 생물 시간에 EBS 수능 특강 문
제를 풀었다. 그래서 나중에 짝에게 선생님이 수업 시간에 중요하다
고 말씀하신 부분의 필기를 보여달라고 했다. 그 짝은 경민보다 생

물을 못했다. 그의 필기가 마음에 들지 않았는지, 경민은 야간 자습 시간에 재현의 사물함에서 몰래 노트를 꺼내 봤다.

'뭐야, 별거 없잖아.'

전교 5등의 필기는 뭔가 다를 거라 생각했던 경민은 한참 실망했다. 짝의 것과 크게 다르지 않았다. 오히려 짝의 필기가 글씨도 더 예쁘고, 정리도 잘돼 있어 뭐가 중요한지 한눈에 알 수 있었다. 선생님이 시험에 출제된다고 한 내용은 형광펜으로 별까지 그렸다. 반면에 재현은 악필이어서 글씨를 알아보기도 힘들었다.

경민의 이야기를 다 들은 나는 이렇게 말해줬다.

"재현이는 학교에서 어떻게 지내니? 너랑 다른 점은 없니?"

"저랑 별 차이 없는 거 같던데……."

한참을 생각하던 경민이 불현듯 이렇게 말했다.

"재현이는 항상 뭔가를 외워요. 쉬는 시간에도 노트를 들고 있고 점심시간 때도 자꾸 들여다보더라고요."

"아! 걔는 스마트폰도 없어요. 부모님이랑 통화는 해야 한다고 2G폰을 쓰더라고요. 그리고 그날그날 해야 할 공부량을 책상 위에 간단히 쓰는 거 같던데……."

전교 1등의 노트가 아닌 전교 1등의 생활을 훔쳐라. 전교 1등의 자기 관리법을 배우라는 말이다. 자신을 관리할 줄 아는 사람이 승리한다. 스스로 변화하고자 마음먹었다면 생활부터 적극적으로 바꿔나가야 한다.

공부 잘하는 학생들의 생활 습관에는 다섯 가지 공통점이 있다.

첫째, 목표 달성을 가로막는
방해물을 과감히 정리한다

요즘 아이들을 보면 손에서 스마트폰을 놓지 못한다. 뭘 그렇게 하느냐고 물어보면 대부분 채팅이나 게임 아니면 웹 서핑이다. 그러면서 하루에 적게는 1시간, 심하면 몇 시간씩 그 작은 화면을 들여다본다. 그런데 아이들은 아직 자기 행동을 잘 조절하지 못하기 때문에 이렇게 한번 빠져버리면 쉽게 헤어 나오지 못한다. 자신은 언제든지 마음만 먹으면 그만둘 수 있다고 생각하지만, 실제로는 그렇지 못하다.

애초에 이런 유혹에 빠지지 않기 위해서는 남들이 하니까 자신도 해도 된다는 생각을 버려야 한다. 자신에게 꼭 필요한지 고민해보고, 공부에 방해된다고 여겨지면 시작하지 않는 습관을 들여야 한다. 휴대 전화가 방해된다면 공부할 때는 손에 닿지 않는 데 둬라.

레프 톨스토이가 말했다. "사람을 불편하게 만들고 그 사람을 불행으로 이끄는 유혹은 '남들도 그렇게 하니까'라는 말이다."

이처럼 성실한 생활을 방해하고 유혹하는 것을 제거해야 꿈에 더욱 다가설 수 있다.

둘째, 공부 잘되는
환경 설정이 우선이다

공부할 때 최적의 학습 환경을 만드는 것은 무척 중요하다. 공부를 잘할 수 있는 비법 중 하나가 공부 잘되는 장소를 택하는 것이다. 거기만 가면 자동적으로 공부가 잘된다고 이야기할 정도로 특별히 집중이 잘되는 장소가 있다. 적절한 학습 환경은 면학 의지를 북돋워서 공부에만 집중할 수 있도록 도와준다.

집에서의 환경 또한 중요하다. 공부를 잘하고 싶은가? 그렇다면 우선 책상부터 정리해라. 그리고 책상과 친해져라. 책상 위에는 꼭 필요한 것만 올려놓도록 한다. 단순하고 안정된 환경이 공부 능률을 높인다. 책상 옆 벽에는 메모판을 붙여두고, 거기에 학습 목표와 구체적인 계획을 적는다. 목표와 계획을 언제라도 확인할 수 있고, 계획적으로 공부하기에도 좋다.

셋째, 규칙적으로
생활한다

하루 일과가 일정하고 규칙적이어야 한다. 그래야 감정의 기복이 심하지 않고 마음의 평정 상태를 잘 유지할 수 있다. 기상 시간, 식사 시간, 공부 시간, 운동 시간, 취침 시간을 일정하게 한다.

수면 시간 또한 충분히 갖는다. 잠을 자는 동안에도 뇌는 끊임없이 움직이며 내가 하루 동안 공부한 내용을 정리하고 기억을 저장한다. 잠을 자는 것이 곧 공부하는 것이다.

넷째, 자신과의 약속을
지키기 위해 매진한다

목표에만 집중할 수 있게 외부 환경을 세팅했다면, 그다음에는 내면을 온통 목표로 채운다. 직접 데드라인을 정하고, 목표 위주로 삶의 우선순위를 전부 바꾸는 것이다. 잠들 때도, 식사할 때도 목표를 잊지 않는다. 오늘 남은 목표치와 남은 시간을 계속 대조하며 시간을 분 단위로 쓰는 것이다.

휴식을 취할 때도 계속적인 흥미를 유발시키는 자극적인 것들은 접하지 않는다. 이미 공부하느라 눈과 머리가 피로한데 또다시 뇌를 혹사시키는 꼴이다. 드라마를 본다든지, 중독성 강한 게임을 한다든지, 친구들과 수다를 떨면 휴식을 마치고 다시 자리에 앉아서도 공부 모드로 돌아가기가 어렵다. 쉴 때는 오로지 눈과 머리를 쉬게 해주는 데 집중하자.

다섯째, 하루 일과의
우선순위를 정한다

공부는 혼자 해야 한다. 혼자 스케줄을 정하고, 하루 일과의 우선순위를 정해야 변수 없이 목표치를 채울 수 있다. 다른 사람들이 끼면 정신이 산만해질 수 있는 변수가 많아진다. 많은 학생들이 하루에 계획한 분량을 끝내지 못하는 까닭은 공부 기술이 부족한 탓도 있지만, 다양한 변수에 제대로 대처하지 못하기 때문이다. 쉬는 시간에 시작한 친구와의 잡담이 길어지거나, 다른 사람들과의 관계에 신경을 쓰다가 목표에 대한 집중력이 흐트러진다. 그러면 정신도 해이해지기 마련이다.

정신 건강도 관리의 대상이다. 신경 쓸 일은 만들지 않도록 노력해야 한다. 스트레스가 되는 요소도 바로바로 찾아 없앨 줄 알아야 한다. 스트레스를 주는 사람이 있다면 멀리해야 한다. 환경에서 비롯되는 스트레스에도 유의하자.

아무리 열심히 노력해도 공부 기술이 없으면 시험 결과가 좋지 않다. 그런데 아무리 공부 기술이 좋은 학생이라도 생활을 관리하지 못하면 만족스러운 결과를 기대하기 어렵다. 공부 기술과 생활 관리가 똑같이 중요하다는 점을 잊지 말자. 이 책의 상당 부분이 생활과 정신력에 대해 설명하고 있는 것도 그런 이유에서다.

02

공부하지 않을 수 없는
공부 자극법

> "꿈을 밀고 가는 것은 이성이 아니라 희망이며
> 두뇌가 아니라 심장이다."
>
> – 표도르 도스토옙스키 Fyodor Dostoevskii

매일 아침 눈을 뜰 때마다 의욕이 넘치고, 하루 종일 공부가 잘되면 얼마나 좋을까? 하지만 실제로는 이따금 불청객이 찾아온다. 바로 '슬럼프'라는 녀석이다. 슬럼프가 오면 잡생각이 많아지고, 쉽게 집중력이 떨어지면서 공부가 안 된다. 이 시기를 지혜롭게 극복하려면 평소에 자신만의 동기 부여 방법을 생각해두는 것이 좋다. 지금부터 제시하는 네 가지 방법을 잘 활용해보자. 이름하여 '공부하지 않을 수 없는 공부 자극법'. 편안한 마음으로 읽다보면 어느새 차츰 차츰 나아질 것이다.

첫째, 배울 점이 많은 학생을 눈여겨봐라

조회 시간에 유난히 눈을 초롱초롱 뜨고 시선을 맞추는 학생이 있었다. 눈빛만 봐도 그 학생이 이렇게 공부할 수 있다는 것에 얼마나 큰 기쁨을 느끼는지 알 수 있었다. 다음 날도, 그다음 날도 마찬가지였다. 어떻게 그렇게까지 공부하는 즐거움을 눈빛에 담을 수 있는지 궁금하던 차에 개인 상담 시간에 그 학생을 마주하게 됐다.

"너를 보면 공부하는 게 너무 즐거워서 어쩔 줄 모르는 것 같더라. 그렇게 공부하는 게 좋니?"

"네."

"원래 그랬어? 여기 오기 전에 말이야."

"아니요."

"그럼 어떻게 그런 마음을 갖게 됐어?"

"사실 고3 때까지 공부를 열심히 안 했어요. 도통 재미가 없더라고요. 결국 대학에 떨어졌죠. 부모님은 바로 재수하라고 하셨는데, 저는 그냥 편의점이나 피시방에서 아르바이트를 하며 지냈어요. 그러다가 하루는 아버지가 '한 시간에 얼마 받니?' 하시는 거예요. 그래서 4,560원이라고 했더니 '아빠 친구가 일하는 현장에서는 하루에 7~8만 원 준다는데 가볼래?' 하고 말을 꺼내셨어요. 그래서 바로 가겠다고 했죠."

이렇게 해서 세칭 노가다, 즉 건설 현장에 나가게 됐다고 한다.

하지만 이틀 만에 나가떨어졌다. 무거운 철근과 벽돌을 나르려니 너무 힘들었던 것이다. 며칠 뒤에 오기가 발동해 이를 악물고 2주를 더 일했다. 그랬더니 이런 생각이 들었다.

'편히 책상에 앉아 공부하는 게 진짜 행복한 거구나.'

공부가 세상에서 제일 편하고 행복하다는 것을 노가다 현장에서 뼈저리게 깨달은 것이다. 지금은 공부한다는 것 자체만으로 기쁘고, 실력을 키워가는 게 재미있다고 이야기했다. 학생의 아버지도 바로 이 사실을 깨닫게 해주고자 삶의 현장으로 보내신 게 아닐까.

비슷한 케이스의 학생이 한 명 더 있다. 한겨울에 전화를 걸어서 "지금 아르바이트를 하고 있는데 1월 26일이면 갈 수 있어요. 예약 좀 해주세요"라고 말하고 입학한 학생이었다. 그 학생은 새벽 6시 40분에는 정확히 학원에 와 있고, 12시 점심시간 종이 울리면 교실을 나와 12시 40분이면 제자리에 착석했다. 오후 6시 종이 울리면 1등으로 교실을 나와서 6시 40분이면 다시 착석해 10시 종이 울리고서야 자리에서 일어섰다. 어찌 된 영문인지 그 긴 시간 내내 화장실 한 번을 가지 않았다. 나는 그가 규율이 엄격하다고 생각해서 화장실에도 못 가고 참는 게 아닐까 싶어 쉬는 시간에 학생을 불렀다.

"화장실 안 가도 괜찮니? 혹시 참는 건 아니지? 중간에 화장실 다녀와도 돼. 기계도 아니고 생리 현상도 조절해버리는 거야? 일부러 그럴 필요 없어."

"아니에요, 선생님. 사실 재수에 실패해서 삼수를 하는 거예요. 그런데 가정 형편을 뻔히 아니까 부모님께 죄송해서 차마 말이 떨어지지 않더라고요. 제가 돈을 벌어서 다녀야겠는데, 편의점, 이삿짐센터 같은 데는 받아주지 않았어요. 결국 막노동하는 데를 찾아갔어요. 새벽 5시까지 가서 저녁때까지 일하는 게 너무나 힘들었지만 삼수를 해야겠다는 생각만으로 버텼어요.

하루는 눈발이 몹시 날리는데 땅을 파다가 무심코 하늘을 올려다봤어요. 평소에 아무 관심 없었던 건물들이 한가득 눈에 들어오는 거예요. 아, 나도 저 건물 안에서 일하고 싶다……. 그러면서 미치도록 공부가 하고 싶은 거예요. 새벽에 와서 밤늦게까지 공부하는 건 하나도 힘들지 않아요. 눈발 날리는 와중에 지게 지고 벽돌 나르고 삽질했던 생각을 하면 정신이 더욱 강해지고, 의지가 굳어져서 공부에 몰입하느라 화장실 가야 한다는 생각조차 나지 않았어요."

이 학생은 교실에서 단 한 번도 엎드리거나 조는 법 없이 바른 자세로 시종일관 공부에 집중해, 금세 학생들 사이에서 본받아야 하는 존재로 인정받았다.

두 학생이 성적을 비약적으로 끌어 올려 원하는 대학에 입학했음은 굳이 말하지 않아도 다들 알 것이다.

이처럼 특이할 정도로 공부에 집중, 명문대 합격이 보장된 듯 보이는 학생들의 태도는 주변 학생들에게 상당한 자극이 된다. 때로는 그런 학생 가까이에 앉으려고 노력하는 학생까지 생긴다.

"그 애 이름이 뭐예요?"

"그건 왜 묻니?"

"그 애 가까이에 앉으려고요. 자리 바꾸는 날, 일찍 와서 자리표에서 그 애 자리 확인하고, 그 주변 자리에 이름을 적으려고요."

"왜 가까이 앉고 싶은데?"

"그 애를 보고 있으면 나도 열심히 해야겠다는 생각이 절로 들어요."

열심히 하는 친구의 모습을 보고 자극을 받아 자신도 열심히 해야겠다는 마음을 먹는 것이다. 열심히 하는 학생을 시샘하거나 폄하하는 것은 바람직하지 못하다. 선의의 경쟁, 상생의 경쟁을 통해 목표한 바를 이뤄내도록 노력하는 지혜가 필요하다.

둘째,
대입 성공 수기를 읽어라

우리 학원에서는 학생들에게 자극을 주고, 또 공부하는 데 도움이 되도록 성공적으로 대학에 입학한 선배들의 수기를 책자로 만들어 대출해주고 있다. 실제로 학생들도 공부하다가 힘이 들거나 의욕이 떨어질 때 목표한 대학에 입학한 선배들의 성공 수기가 무척이나 힘이 된다고 말한다. 자신보다 훨씬 열악한 환경에서도, 불투명한 미래에 불안해하면서도 한계를 뛰어넘은 선배들의 고민과 처절할 정도로 성공하려고 몸부림쳤던 이야기를 읽으면서 자신도 다시 힘을 내야겠다고 생각하는 것이다.

셋째, 마음을 다잡게 하는
성공한 사람들의 체험을 간접 경험해라

요즘 강연 동영상이나 혹은 책을 찾아보면 학생들이 본받을 만한
성공 일화가 많은데, 여기서는 런던 올림픽 유도 금메달리스트 김재
범 선수가 한 이야기를 소개하려 한다. 예체능이 공부보다 쉽지 않
을까 생각할 수도 있지만, 운동선수들이야말로 고도의 집중력, 자신
감, 평상심으로 피땀을 흘려가며 끊임없이 연습을 거듭한다. 김재범
선수의 '죽기 살기'가 아닌 '죽기'의 정신이 입시를 준비하는 학생들
에게 충분한 자극이 되리라 생각한다.

　"'죽기 살기'가 아닌 '죽기'의 정신으로 런던 올림픽을 준비했어
요. 감독님께서 '또 질래? 어때, 서럽지. 또 져, 그럼' 하고 말씀하는
데 미치는 줄 알았어요. 은메달이 자랑스러웠는데, 너무 힘들었어
요. 한편으로는 천장에 그런 말을 붙여놨어요. '또 져라, 병신아. 넌
그때뿐이지. 또 져봐야 정신 차려!'

　런던 올림픽을 준비할 때는 '살기'가 있으면 안 되겠더라고요. 죽
기 살기! 죽기로만 한다면 분명히 이겨요. 그런데 살기가 있으면 몸
을 사리게 돼 있어요. 그래서 살고 싶은 마음을 없앤 거예요. 21년을
준비했어요. 운동을 시작한 이래 지금까지 준비한 게 올림픽이고,
금메달입니다.

　올림픽을 준비하면서 또 한 번의 시련이 왔는데, 어깨가 두 번

빠져서 병원에 가니까 절대 올림픽에 나갈 수 없으니 포기하라는 거예요. 이제 어떻게 살아가지. 끝났나. 그런 생각을 하다가 다시 일어나서 재활 훈련을 했습니다. 그런데 많은 소리를 들었어요.

'야, 그럴 거면 차라리 장애인 올림픽에 나가는 게 어때? 어차피 장애 6급 아냐.' 그 사람한테 한마디 했어요. '넌 진짜 장애가 뭔지 몰라. 몸이 불편한 사람이 아니라, 몸이 멀쩡한데도 자기 목적과 목표를 향해 가지 못하는 사람이 장애인이다.'

장애인 올림픽에 나갈 수도 있어요. 부끄러운 게 아니에요. 자기 자신이 부끄러우면 절대 다른 일을 할 수가 없어요. 누군가는 나를 걱정하고 나를 비웃었던 시간, 저는 그저 '죽기'로 하루하루를 살아나갔고, 런던으로 향하는 길이 조금씩 열렸어요.

죽기로만 한다면 분명히 할 수 있어요. 절대 과학적으로 설명할 수 없는 힘들이 나오기 시작해요. 그런 말이 있잖아요. 죽을 각오로 하면 살고, 살려고 하면 죽는다고. 죽을 각오로 해보세요. 어렸을 때부터 사람들한테 그런 말을 들어왔어요. 남들 노는 거, 부럽지 않으냐고. 안 부러워요. 왜? 30년 고생하고 30년 바뀐 인생 살면 되잖아요. 포기하지 마세요. 포기? 그거 아무나 하는 거 아니에요. 포기란 끝까지 노력한 사람만의 특권이에요. 아무렇게나 포기한다, 그만둔다 하지 마세요. 저는 운동할 때 제일 부러웠던 게 신체가 멀쩡해서 자유자재로 유도할 수 있는 사람이었어요. 멀쩡한데 안 하는 사람들이야말로 정말 장애가 있는 거 아닐까요? 힘든 상황, 가정 형편, 다 핑계예요. 앞으로 살아가면서 그런 핑계 안 댔으면 좋겠습니다."

김재범 선수의 이야기를 들으면 꿈을 향한 투지와 자신에 대한 강렬한 믿음을 느낄 수 있다. 집중력이란 나 자신에 대한 통제력이라고도 할 수 있다. 또 내가 나를 믿지 않으면 누가 나를 믿겠는가. 강인한 마음으로 성공한 사람들의 이야기를 들으며 풀어지려는 마음을 다잡아야 한다. 공부하지 않을 수 없게 만드는 강렬한 자극을 받고, 꿈을 향한 공부에 미친 듯이 파고들어야 한다.

넷째,
성공한 미래를 상상해라

수험생이라면 누구나 가고 싶은 목표 대학이 있을 것이다. 그 대학의 사진을 책상 앞에, 가지고 다니는 수첩에, 누우면 올려다보이는 천장에 붙여보자. 그리고 틈틈이 그토록 바라는 대학에 입학한 자신을 상상해보자.

우리 학원 자기주도학습실에 가보면 학생들의 책상에 붙어 있는 열렬한 문구와 사진에 놀라게 된다.

'○○ 대학 합격, 할 수 있다. 해낸다.'

'전 과목 1등급 이루어짐!'

'오늘도 잘하고 있어. 잘되고 있다.'

'마음은 뜨겁게, 머리는 냉철하게!'

'의예과 ○○학번, 기필코 입학한다!!'

숫기 없어 보이던 학생들이 마음속에 품은 뜨거운 목표를 책상 앞 가득 붙여놓은 것을 보면 내 마음까지 함께 뜨거워져온다.

아무리 포기하고 싶은 순간이 오더라도, 벽에 붙여놓고 수첩에 붙여놓고 천장에 붙여놓은 목표 대학의 사진을 보며 자신이 입학하는 장면을 생생하게 떠올리면 가슴이 뛸 수밖에 없다. 늦은 밤, 자려고 누우면서도 어서 내일이 돼 열심히 공부하고 싶다는 열망이 끓어오른다.

자신이 하고 싶고, 바라는 것이 무엇인지 명확히 하고, 그 간절한 목표를 마음속에 확실히 심어두자. 내일 자신의 성공한 모습을 생생하게 상상하는 것은 자기 암시의 효과가 대단하다. 자기 암시는 자신의 소원이나 생각을 무의식에 주입해 극적으로 삶을 변화시키는 위대한 힘을 가지고 있다. 언제나 동기를 부여하고 공부를 하지 않을 수 없게 만드는, 공부 자극법이다.

03

엉덩이로 하는
진짜 공부법

> "이 세상 모든 일에 있어서
> 성공과 실패의 결정적 차이는 인내다."
>
> – 존 러스킨 John Ruskin

성적이 놀라울 만큼 빠르게 오르는 학생들에게는 공통점이 있다. 처음에 '엉덩이'로 공부했다는 사실이다. 자기주도학습을 막 시작한 아이들은 1시간도 앉아 있기 힘들어한다. 뭔가에 몰입하고 파고드는 힘이 부족해 금방 엉덩이를 들썩인다.

"왜 나오니? 종 울리면 자리에서 일어나 돌아다니면 안 된다고 했는데……."

"물 좀 마시려고요."

이렇게 좀처럼 공부에 집중하지 못하는 학생들에게 나는 되든 안 되든 일단 책상 앞에 진득하게 앉아 있어보라고 조언한다. 공부를 잘하고 싶다면 적어도 한두 시간은 꼼짝 않고 집중할 수 있어야 한다. 공부뿐 아니다. 뭔가를 해내기 위해서는 그 일에 집중하고 '몰입'할 줄 알아야 한다. 그리고 몰입이 잘되고 있는지 확실히 알 수 있는 지표가 바로 엉덩이다.

공부해보지 않은 학생은 정신이 산만하고, 주변이 어수선해 신경 쓰이는 것이 많다. 앉아 있어도 펴놓은 책이 아니라 책상 밖으로 자꾸 정신이 팔리니 1시간도 제대로 앉아서 공부하지 못하는 것이다. 집중할 수 없는 것도 당연하다. 공부를 잘하고 싶다면 지금 당장 책상 주위를 정리하고, 의자에 진득하게 앉아 있는 연습을 시작하자.

몰입 공부는
엉덩이에서 시작된다

공부는 엉덩이로 해야 한다는 말은 그만큼 엉덩이가 무거워야 한다는 뜻이고, 한자리에 있지 못하고 이리저리 돌아다니고 싶은 마음이 들지 않게 해야 한다는 뜻이다. 집중해서 공부하려면 산만한 주변 환경을 깔끔히 정리하고, 공부에 도움이 되지 않는 곳에는 가지 말아야 한다. 공부에 방해되는 자극을 주는 일들은 알려고 하지도 말아야 하며 낯선 자극들, 부정적인 일들을 피해야 한다.

말을 많이 하는 것도 좋지 않다. 이는 매우 중요한 사항이다. 집중, 몰입과 직결되기 때문이다. 공부하지 않는 모드에서 공부하는 모드로 전환하는 데만 10~20분 이상이 필요한데, 말을 하면 정신이 흐트러져서 자꾸 아까운 시간을 허비하게 된다.

엉덩이가 무거워지면 어느새 손이 움직이고, 손을 정신없이 움직이다보면 어느새 머리에 새겨진다. 한마디로 몰입 공부는 엉덩이에서부터 시작된다. 몰입 능력은 타고나는 것이 절대 아니다. 누구나가 할 수 있다. 처음부터 잘 앉아 있는 사람은 없다. 익숙해질 때까지 노력한 것이다.

첫날만 잘 참고 앉아 있어보자. 그 하루를 견디면 다음 날은 조금 쉬워지고, 그렇게 일주일, 한 달, 1년이 금세 간다. 몸과 정신이 적응해가는 것이다. 나중에는 길을 가면서도 머릿속으로 그날의 공부를 복습하고, 만원 버스 속에서도 수학 문제를 풀고, 그보다 더한 상황에서도 몰입할 수 있게 된다. 그리고 그런 강렬한 몰입 속에서 어려운 문제를 풀었을 때의 기쁨이란 진정 엄청나다. 이것이 바로 공부하는 사람들의 즐거움이라는 사실을 알게 될 것이다.

손정의 소프트뱅크 회장은 일본 언론으로부터 '21세기 디지털 세계의 승부사이자 혁신 경영의 귀재'로 불린다. 그런 그가 이런 말을 한 적이 있다.

"두뇌를 자나 깨나 쓰다보면 결국에는 좋은 아이디어가 떠올라 성공할 수 있다."

그는 매일 앉으나 서나 몰입해서 생각하면 그다음에는 아이디어가 넘쳐 잠을 자지 못했다고 한다. 처음에는 비즈니스맨이란 타고 나는 것이 아닌가 생각했지만, 지금은 누구나 그렇게 될 수 있다고 확신한다고 손정의 회장은 말한다.

우리가 천재들의 머리를 가질 수는 없지만, 그들의 행동을 따라 할 수는 있다. 몰입해서 공부하는 사람은 타고나는 것이 아니고, 의도적으로 자나 깨나 공부만을 생각하는 것뿐이다. 누구나가 할 수 있다.

책상 앞에 앉는 것부터
시작해라

책상 앞에 앉긴 했는데 막상 집중이 되지 않을 수 있다. 그럴 때는 일단 책상을 정리하자. 그리고 나서 본격적으로 공부에 돌입하기 위한 워밍업이라 생각하고 최대한 쉽고 간단한 과목부터 시작하자. 실제로 우리의 뇌는 활동 상태가 되기까지 약간의 자극이 필요하다. 쉬운 공부부터 하면서 뇌를 깨우고, 의욕도 조금씩 끌어낸다. 그리고 어느 정도 의욕이 고조됐을 때 차차 어려운 과목으로 나아가면 공부하는 내내 집중할 수 있을 것이다. 이렇게 집중되지 않는 상황에서도 자신을 컨트롤하고, 어떻게든 의욕을 끌어 올리려 노력하고, 주도적으로 개선 방안을 찾아내보자.

뭐가 됐든 성과를 올리기 위해서는 그 하나를 집요하게 파고드는 근성이 있어야 한다. 온 신경을 그 한곳에 쏟아붓는 것이다. 지금 공부를 못해도 상관없다. 일단 책상에 앉는 연습부터 시작하자. 그리고 집중할 수 있는 자기만의 방법을 찾아내는 것이다.

04

어떻게 하면 공부 시간을 좀 더 확보할 수 있을까

"이른 아침은 입에 황금을 물고 있다."

– 벤저민 프랭클린

성적을 많이 올리려면 공부 방향을 잘 잡아야 한다. 공부 방향을 잘 잡았다면? 그다음부터는 '누구의 공부량이 많으냐'의 싸움이다. 그런데 많은 학생들이 '방향'에만 집중하고 '공부의 양'은 가볍게 여기는 경향이 있다. 더 좋은 공부법, 더 획기적인 공부법을 찾는 데는 많은 시간을 쓰면서, 정작 공부 시간을 조금이라도 더 확보하려는 노력은 하지 않는다. 오히려 주어진 시간을 보내는 것도 버거워한다. '수업 듣고, 남들 앉아 있는 시간에 앉아 있었으니 됐어'라고 생각하고 적당히 만족한다. 하지만 명심하자. 아무리 좋은 수업을 듣고 좋은 공부법을 알아냈다고 하더라도 수개월 이상 실천하지 않으면 절대 점수가 오르지 않는다는 사실!

올바른 공부 방향을 잡았다면 이제부터는 치열한 공부량 싸움에 돌입해야 한다. '어떻게 하면 공부 시간을 좀 더 확보할 수 있을까?'를 고민하자. 그리고 최대한 공부 시간을 많이 만드는 것은 자신과의 사소한 약속, 자신만의 원칙을 세우는 것에서 비롯된다.

고요한 이른 아침을
활용하자

아침 일찍부터 공부했을 때와 밤늦게까지 공부했을 때의 하루 공부 시간을 비교해보면 꽤 차이가 난다. 아침에 일찍 일어나 공부하는 것이 공부 시간을 훨씬 많이 만들어준다. 밤 10시 이후에는 자신도 모르게 허투루 흘러가는 시간이 많기 때문이다.

사실 나도 지독한 야행성이었다. 그런데 아침 시간의 효과를 직접 느껴보기 위해 일찍 일어나는 습관을 들이는 실험을 해봤다. 나를 포함해 함께 실험한 학생들마다 차이는 있었지만, 대체로 일찍 일어나는 습관을 들이는 데 4~6주가 걸렸다. 6주쯤 지나니 저절로 그 시간에 눈이 뜨였다. 그 효과 또한 만족스러웠다. 다들 몸도 머리도 가뿐하다고 했다. 새벽 1~2시에 공부하는 즐거움을 아침 6~7시에 공부하는 즐거움으로 바꾸니 오전 9~10시쯤이면 정신이 완전히 맑아지고, 공부 효율도 최고였다. 처음 습관 들이기가 어려웠지, 일단 익숙해지니 몸이 저절로 움직였다. 그리고 그 습관 덕분에 얻은 이득은 엄청났다.

지금보다 2시간 일찍 일어나 아침 시간을 활용한다고 하자. 한 달이면 60시간을 벌 수 있다. 아침 시간만 활용해도 한 달에 30강 짜리 인터넷 강의를 두 강좌나 마칠 수 있다는 사실! 이를 기억한다면 잠자리에서 일어나기가 쉬워질 것이다. 특히 수험생의 경우, D-365일부터 2시간 정도 일찍 일어난다면 남들보다 한 달을 더 확보할 수 있다.

뿐만 아니라 수능은 오후가 아니라 오전 8시 40분에 시작한다는 사실도 명심해야 한다. 평소에 밤늦게까지 깨어 있느라 아침에 몽롱한 학생과 아침 일찍 일어나 공부한 학생, 두 학생의 수능 국어 영역 시간을 상상해보자. 머리 돌아가는 속도 자체가 다르다. 아침 공부 습관을 들이면 시험 보는 시간에 맞춰 머리의 컨디션을 최고로 세팅할 수 있다. 수능 당일에 최상의 컨디션으로 실력을 발휘하기 위해서라도 반드시 아침 일찍 일어나 공부하는 습관을 들이자.

자투리 시간 활용법을
고민하자

하루를 자세히 들여다보면 알게 모르게 흘려보내는 시간이 많다. 언제 이런 자투리 시간이 생기는지 생각해보고, 이를 효과적으로 이용할 수 있는 방안을 세우면 남들과 똑같은 24시간이라도 좀 더 길고 풍성해질 수 있다.

　자투리 시간을 찾아내는 방법은 간단하다. 일과를 적은 스터디 플래너를 살펴보면 된다. 바로 눈에 띌 것이다. 등·하교 시간, 쉬는 시간……. 이런 시간에 학생들은 보통 영어 단어를 암기한다. 이동 중에도 손쉽게 할 수 있기 때문이다.

　나는 학생들에게 '복습'을 해보라고 추천한다. 어제 수업 내용, 마인드맵, 개념 노트, 필기 등을 복습하는 것은 그리 긴 시간이 필요하지 않다. 눈으로 쓱 훑기만 해도 잊혀져가는 기억을 되살려 장기 기억으로 바꿀 수 있다. 평소에 대수롭지 않게 흘려보내는 1~10분 정도로 최대의 효과를 얻는 것이다. 또한 이렇게 하면 집중해서 공부하는 뭉치 시간을 더 많이 확보할 수 있다.

공부 잘되는 환경을
이용해라

'아, 오늘은 공부가 잘 안 되네. 집에 가면 괜찮아질 거야.'

　이런 생각으로 집에 왔는데, 대문을 들어서자마자 소파에 늘어져버린 기억이 다들 있을 것이다.

　공부를 하다보면 우리가 생각보다 쉽게 환경에 휘둘린다는 사실을 자주 체감한다. 집은 유혹이 많은 공간이다. 책상 앞에서 일어나 마음대로 돌아다닐 수 있다보니 쉽게 자세가 흐트러진다. 책상 옆에 있는 침대를 보면 눕고 싶고, 거실 텔레비전을 보면 잠깐 쉬면서 켜놓을까 싶다. 당연히 집중력도 분산된다. 분명 집에 올 때는 의지가 확고했는데, 다 잊고 하루의 공부 계획이 무너져버린다. 아무리 다시는 이러지 말아야지 하고 마음먹어도 쉽게 고쳐지지 않는다.

나도 크게 다르지 않았다. 이런 일이 여러 번 있고 나서는 나 자신의 의지력을 믿지 않게 됐다. 그보다는 과거에 내가 어떻게 행동했나 생각해보고자 노력했다. 어떻게든 편해지고 싶은 마음이 무의식중에 계속 자신을 흔들어대는데, 환경까지 편한 데에서는 무너질 수밖에 없다.

공부 계획에 차질이 생기지 않도록 하려면 환경 관리는 필수다. 만약 마음이 풀어져 계획대로 되지 않고 시간만 마냥 흘러갈 때, 이럴 때에는 재빠르게 환경을 바꿔주자. '막상 도서관에 가도 1시간도 못 할 텐데……'라는 망설임은 냉정하게 버린다. 단 30분이라도 공부할 수 있다면 그 기회를 버리지 말자. 막상 해보면 우습게 여겼던 짧은 시간 동안에 꽤 많이 공부해낼 수 있다는 사실에 놀라게 될 것이다. 자습실이나 도서관의 경우, 자기 공간은 책상 앞뿐이어서 집보다는 집중이 잘된다. 이렇게 억지로라도 자신을 다잡으면 다음 날에는 해이해진 정신이 이어지는 일 없이 더 쉽게 공부에 집중할 수 있다.

합격자들은 '성공은 과정 속에서 탄생했다'고 입을 모은다. 결과만 생각하고 빨리 성적이 오르기만 바랄 때는 힘들고 잘되지 않았는데, 공부하는 과정 자체에 정신없이 몰입하다보니 어느 날 등급이 올라가고 실력이 부쩍 는 자신을 발견했다는 것이다. 다른 사람들의 성공한 모습만 보고 부러워할 것이 아니라, 그 뒤에 숨은 노력에 주목하자. *끈기의 힘은 어마어마하다.* 나태해지는 자신을 발견할 때마다 이를 기억하자.

05

시간 관리가
운명을 바꾼다

"미래는 현재 우리가
무엇을 하는가에 달려 있다."

– 마하트마 간디 Mahatma Gandhi

이제까지 어떻게 하면 공부 시간을 좀 더 확보할 수 있을까에 대해 이야기했다. 소개된 내용을 보고 별것 아니라는 생각이 들 수도 있다. 하지만 기억하자. 성공한 사람들은 어느 날 갑자기 엄청나고 대단한 일을 한 것이 아니라, 아주 기본적인 것들을 매일 충실히 했다는 것을 말이다.

숨어 있는 시간들이 미래를 바꾼다. 누구에게나 하루 24시간이 주어지지만, 어떤 사람은 이를 28시간처럼 보내고 어떤 사람은 4시간처럼 보낸다. 공부하는 데 있어 짧은 시간도 귀중하게 쓰일 수 있다는 것을 깨달으면, 그 시간에 효과적으로 공부할 수 있는 습관을 들일 수 있다.

대부분이 놓치고 있는 중대한 사실이 바로 이것이다. '티끌 모아 태산이다.' 학생들은 어느 날 갑자기 자신이 다른 사람으로 확 바뀌어 실력이 부쩍 늘기를 바란다. 하지만 그런 일은 절대 일어나지 않는다. 1분 1초를 아쉽게 여기고, 허투루 흘려보내는 시간이 없도록 노력해야 한다. 하루의 시작과 끝을 다음과 같이 관리해 시간을 효율적으로 사용하는 자기 관리의 달인이 돼보자.

하루를 시작할 때
– 매일 아침 30초간 공부 계획 떠올리기

하루의 공부를 시작할 때에는 스터디 플래너의 일일 계획표를 펼쳐 그날 할당된 공부량을 확인하고, 이를 완수하도록 노력해야 한다. 그러기 위해 가장 좋은 방법은 매일 아침 30초간 하루 공부 계획을 머릿속으로 떠올려보는 것이다. 오전에는 어떤 과목을 하고, 점심시간은 어떻게 보낼지, 상황에 따라 오후에는 어떻게 하고 저녁 이후에는 뭘 할지 일과를 그려보는 것이다.

이렇게 미리 일과를 그려보는 습관은 계획을 실천할 때 발생할 수도 있는 여러 변수들에 적절히 대처할 수 있게 해준다. 예를 들어 저녁 공부 시간에 친구가 집에 일찍 가서 쉬자고 유혹해도 "오늘 해야 하는 게 있는데 다 못 해서 늦게 가야 할 것 같아"라고 판단 기준을 세워 말할 수 있다. 이렇듯 아침의 자기 암시는 하루를 '내 생각대로 되게' 해주는 데 큰 도움이 된다.

일일 계획 관리하기
- 시간 씀씀이 확인하기

아침이 아니더라도 하루에 두 번 정도는 자신이 오늘 해야 할 공부량을 체크하며 남은 일정을 조정하는 것이 좋다. 오전 동안 한 과목을 공부하는 데 시간을 너무 많이 뺏겨 버렸다면, 오후에는 좀 더 속도감 있게 학습하도록 바짝 긴장감을 줘서 그날의 계획량을 완수하도록 하는 것이다.

하루 종일 열심히 공부해놓고는 집에 가면서 "두 과목밖에 못 했어요. 시간이 너무 빠듯해요"라고 말하는 학생이 있다. 이는 아직 효율적인 학습법을 체화하지 못하고, 계획 관리를 능숙하게 하지 못해서다.

이런 문제를 해결하기 위해서는 스터디 플래너를 자기 분석 도구로 적극 활용해야 한다. 시간 씀씀이를 기록하면 정해진 일과를 소화하는 데 실제로 시간이 얼마나 걸렸는지 확인할 수 있으며, 실제 공부 시간과 누수 시간을 파악하고 문제점을 개선할 수 있어서 철저한 자기 관리가 가능해진다. 2장에서 스터디 플래너에 대해 설명할 때 언급한 부분을 다시 한 번 떠올려보자.

① 하루 학습량을 제대로 파악하지 못하고 무리한 계획을 세웠는가
② 적정한 학습량을 계획했음에도 비효율적으로 공부해서 완수하지 못했는가
③ 어떤 과목을 공부할 때 문제가 생겼는가

이렇게 원인을 파악해냈다면, 소요 시간을 줄이고 효율적으로 목표한 공부량을 채우기 위해 어떻게 방법을 바꿔야 하는지 분석하고, 그 결론을 적어놔야 한다.

일일 계획을 짜는 데 있어서 팁을 주자면, 매일 밤 1시간 30분 정도를 남겨놓는 것이 좋다. 빡빡하게 짜놓은 계획을 모두 실행하면 좋겠지만, 그렇지 못했을 경우를 위해서 말이다. 매일 밤 여유 시간을 남겨두면 그날 미처 끝내지 못한 공부를 마무리하고, 복습도 할 수 있다. 그러고 나면 시간에 쫓겨 뭔가를 하지 못했다는 좌절감이 아닌, 하루 계획을 모두 실천했다는 뿌듯한 마음으로 잠자리에 들게 될 것이다.

하루를 마칠 때
– 반성과 개선 방안을 구체적으로 쓴다

일과를 마치면 시간을 어떻게 썼는지 기록하고, 과목별로 계획한 시간과 실제 공부 시간을 비교하며 하루를 돌아보도록 한다. 밤 10시쯤 되면 오늘의 목표치 중 얼마만큼 달성했으며, 무엇이 밀렸는지 체크할 수 있을 것이다. 이때 밀린 공부는 비워둔 주말 계획에 포함시키거나 주중 보강 계획을 세운다. 다음 주로 미루지 말고 이번 주 안에 해결하도록 하자.

이렇게 학습 계획을 보완했다면 그다음에는 반성과 개선 방안을 적는다. 시간별로 공부한 내용을 적다보면 자신이 어디서 시간을 허투루 쓰는지 한눈에 들어와, 혼자서도 쉽게 시간 관리를 할 수 있다. 이때 발견한 문제점을 기록하고, 어떻게 해야 이를 고칠 수 있는지 개선 방안을 적으면서 정신을 다시 한 번 가다듬는다.

반성과 개선 방안을 구체적으로 쓰는 것이 중요한 이유는, 이 과정을 통해 자기 자신을 빠르게 바로잡을 수 있기 때문이다. 우리는 이러면 안 되는데 하고 생각하면서도 같은 실수를 반복한다. 때로는 이런 실수를 친구들과 수다로 풀어내거나 선생님께 의존적으로 물어보기도 하는데, 사실은 혼자서 일과를 매일매일 되새겨보면 얼마든지 개선점을 찾아낼 수 있다.

꾸준함만큼 무서운 것은 없다. 일과를 기록하며 자기반성과 개선해 나가려는 노력을 꾸준히 하다보면 날이 갈수록 시행착오는 줄어들고, 자기 관리력은 높아진다. '나는 인터넷 강의를 듣는 데 시간을 다 써버리는구나. 1.5배 속도로 빨리 듣는 연습을 해야겠다'라고 분석하며 공부법을 개선할 수도 있고, '집중력이 떨어져서 인터넷으로 시간을 날렸구나. 차라리 이럴 때에는 영어 듣기를 하거나 동기 부여가 되는 책을 읽자. 스마트폰에서 인터넷 앱을 삭제하고, 듣기 책이랑 합격 수기를 갖다 놔야겠다'라고 느슨해진 생활을 바짝 조일 수도 있다. 이렇게 하루만이라도 제대로 자기 자신을 분석해서 기록해보면 다음 날이 달라지고, 그다음 날은 더욱 나아진 자신을 느낄 수 있다. 아주 사소한 마음가짐의 차이가 하루 전체를 좌우하기 때문이다.

대학 합격이라는 목표 하나만을 생각하며 꾸준히 공부한 하루하루가 모여, 수능일이 가까워질수록 우리는 과거의 한계를 뛰어넘고 더 나은 자신이 돼 있을 것이다. 귀찮아도 기록을 소홀히하지 말자. 목표 관리의 핵심은 종이에 기록하는 것이다. 갑자기 아프거나 집안 행사가 있어 흐름이 깨질 때도 비워두지 않고 일과를 구체적으로 적자. 놀았다면 얼마나 놀았는지 쓰고, 쉬는 시간에 뭘 했는지까지 적어두면 나중에 자신의 행동 패턴을 파악하는 데 큰 도움이 된다. 자신이 어떨 때 흐트러지는지, 어떤 사람인지 바로 기록이 증언해주기 때문이다.

06

체력이 좋아야
공부를 잘한다

"성공의 첫 번째 요건은
육체적, 정신적 에너지를 낭비하지 않으면서
하나의 문제에 집중할 수 있는 능력이다."

– 토머스 에디슨 Thomas Edison

학생들을 지도하다보면 학부모들로부터 이런 전화를 자주 받는다. "애가 속이 안 좋아서 늦을 것 같아요", "우리 애는 몸이 약해서 저녁 늦게까지 못 해요", "저녁때 집에 보내주실 수 있으세요?", "일주일에 한 번은 대학 병원에 가야 하는데……."

그런데 공부를 잘하기 위해서는 무엇보다 체력이 따라줘야 한다. 결코 짧지 않은 수험 기간 동안 쉽게 지치지 않고 거뜬히 견뎌낼 수 있어야 한다.

어려서부터 공부를 잘해 중학교를 전교 1등으로 졸업한 여학생이 있었다. 고등학교에 진학해서도 1등을 한 번도 놓치지 않았는데,

그만 고3 여름부터 아프기 시작해 수험 생활을 이겨내지 못했다. 결국 재수한다는 이야기를 전해 들었다. 그 뒤로 시간이 꽤 흘러 대학에 잘 다니겠지 하고 안부를 물었다가 여전히 병원에 다니면서 삼수를 하고 있다는 소식을 들었다. 몹시 안타깝고 안쓰러운 생각이 들었다.

이렇듯 건강은 수험생에게 필수 요건이다. 아프지 않는 게 가장 중요하고, 아프다면 빨리 회복하는 게 관건이다. 전문의를 찾아가 알맞은 처방을 받고 공부에 차질이 없도록 움직여야 한다. 치료를 미루다가 상태를 악화시켜서 통원 치료로 해결될 수 있는 문제를 장기간 입원해야 하거나 회복 시기를 늦추는 것은 좋지 않다.

그런 의미에서 체력을 키우는 것도 자기 관리 중 하나다. 성인이나 다름없는 나이에 이미 아프고 나서 부모님에게 "몸이 아파요"라고 해서는 안 된다. 몸이 아플 것 같으면 미리 약을 챙겨 먹자. 몸살이 올 것 같으면 더운물에 반신욕을 하고, 약을 먹고, 평소보다 일찍 푹 쉬도록 한다.

정신력도
체력에서 나온다

건강 관리는 수험 준비를 하는 데 있어 무척 중요한 요소다. 몸 어딘가가 아프면 거기에 신경이 쓰여 공부에 집중할 수 없다. 아픈 것까지는 아니더라도 체력이 뒷받침되지 않으면 쉽게 지치고 책상 앞에 앉아 있는 것도 힘들어진다.

제대로 된 식사를 제때 하는 것이 건강 관리의 첫걸음이다. 뇌는 몸무게의 2%밖에 되지 않지만 하루 에너지 소모량의 20%를 차지한다고 한다. 밥을 먹지 않거나 식사량을 줄이면 당분이 부족해지고, 그만큼 머리도 돌아가지 않는다.

운동도 필수다. 운동은 뇌세포의 성장을 돕는다. 운동을 하면 뇌 혈류량이 증가하고, 뇌혈관에 흐르는 혈액량이 풍부해진다. 혈액량이 풍부해지면 뇌를 활발히 움직이게 하는 데 필요한 영양분이 충분히 공급된다. 그 결과 학습 능률이 오르고 집중력이 높아진다. 하루 30분씩 일주일에 세 번 정도 가볍게라도 운동을 한 사람은 아무것도 하지 않은 사람보다 학습 능력과 집중력이 15%나 좋다는 연구 결과도 있다.

운동이라고 해서 긴장할 것은 없다. 옆 사람과 이야기를 나눌 수 있을 정도로 가볍게 뛰면서 약간의 땀이 나는 강도로 충분하다. 그 밖에도 맨손 체조나 수영도 좋은 운동이 된다. 이렇게 하면 저녁에 잘 때에도 숙면을 취할 수 있다.

아프지 않고 공부하는 것도
실력이다

바른 자세도 공부를 잘하고 싶다면 꼭 지켜야 할 요소 중 하나다. 자세가 바라야 몸에 무리가 가지 않으면서도 오랫동안 한자리에 앉아서 공부할 수 있다. 또한 바른 자세는 생체 활동과 혈액 순환을 원활하게 하고 두뇌 활동을 극대화시켜준다. 무엇보다 집중력을 높여준다.

체력이 약하면 책상에 엎드려 졸게 되고 머리도 늘 맑지가 않다. 매일 운동을 조금씩 하면 잡념이 없어지고, 운동을 마칠 때쯤에는 공부에 대한 의욕과 목표 의식이 분명해진다. 체력이 좋아지면 집중력은 물론 추진력도 강해진다.

공부는 장기전이기 때문에 체력이 뒷받침되지 않으면 힘들다. 학생들도 체력 관리의 중요성을 알면서 정작 실천은 하지 못한다. 규칙적인 운동이 수월하지 않은 현실에서는 현명하게 자신의 체력을 지켜나갈 줄 알아야 한다. 우선 절대 몸을 혹사시켜서는 안 된다. 약간이라도 이상하다 싶으면 책상에서 일어나 쉬도록 하자. 공부를 좀 미루더라도 체력이 너무 떨어져 몸에 이상이 생기지 않도록 주의한다. 아프지 않는 것도 능력이다.

07

시험 불안증을
이겨내는 방법

> "용기란 두려움이 없는 것이 아니라
> 두려움에 대항하고 두려움을 정복하는 것이다."
>
> – 마크 트웨인 Mark Twain

중요한 시험을 앞두고 학생들은 이러저러한 하소연을 한다. 심지어 시험을 앞두고 컴퓨터 사인펜을 가지고 오지 않았다는 둥 수정 테이프를 두고 왔다는 둥 안절부절못하는 이유도 가지각색이다.

"밤샘했는데 공부를 다 못 해서 시험을 망칠 것 같아요."

"한번 다 보긴 했는데 너무 긴장돼요."

"너무 떨리고 자신이 없어요."

시험 일자가 발표되고 시간적 여유가 있을 때에는 급하거나 불안한 마음 없이 오직 시험을 잘 보겠다는 굳은 마음으로 공부한다. 그러다가 날짜가 가까워질수록 긴장하고 불안해한다. 시험을 잘 봐야 하는데 하고 미리 걱정부터 한다. 공부를 다 못 해도 불안하고, 공부를 다 했어도 실수해서 많이 틀릴까봐 불안하다. 늘 시험을 못 봤을 때를 미리 염려한다.

이를 잘 알기 때문에 나는 평소에 하는 생각과 무의식이 얼마나 중요한지 항상 말한다. 감사를 해야 감사할 일이 생기는 것처럼, 잘될 거라고 생각해야 다 잘될 수 있다. 반대로 안 될 거라고 생각하거나 미리 걱정부터 하면 실패하기 마련이다.

무의식에
긍정적인 이미지를 새겨라

계속적으로 하는 생각은 무의식에까지 닿아 감정, 행동, 시험 결과에 영향을 미친다. 그 정도로 무의식의 영향력은 대단하다. 조셉 머피Joseph Murphy 박사의 《잠재의식의 힘》에 이런 사례가 나온다.

어떤 의대생이 있었다. 그는 대학에서 머리가 좋기로 유명했는데, 막상 시험만 보면 구술시험이건, 필기시험이건 단순한 문제에도 답을 못 했다. 수험장에서 긴장한 나머지 머리가 얼어버리는 것이다. 정신력이 강해야 시험에서도 제 실력을 발휘할 수 있는데, 그는 마인드 컨트롤 능력이 부족한 전형적인 케이스였다. 학생을 살펴보니 시험이 있기 며칠 전부터 두려움에 떨며 온갖 걱정을 했다. 끊임없이 실패할 것 같다는 생각을 하니, 실패할 것이라는 믿음을 무의식에 심어놓은 것이나 마찬가지였다. 인간의 의식과 무의식에 대해 연구한 조셉 머피 박사는 그에게 다음과 같은 처방을 내렸다.

"사람의 무의식은 기억의 창고이기 때문에 강의나 읽은 책의 내용을 전부 기록하고 있다. 의식은 놓칠 수 있어도 무의식은 놓칠 수 없다. 행복한 결과를 생각하면 무의식은 그 행복한 생각에 응답한다. 우수한 성적을 받아 기쁘고 부모님께 칭찬받는 장면을 상상해 봐라. 결과만 상상하는 일이지만 분명히 성공한다는 생각이 익숙해지고, 차츰차츰 수험장에서 자신감을 갖게 될 것이다."

시험을 잘 보지 못할 것 같아 걱정된다거나 실패가 두려울 때는 주의를 애써 돌려보자. 시험에서 만점을 받을 수 있다고 생각하는 것이다. 좋은 생각과 긍정적인 일에 생각을 집중시킨다면 걱정하는 문제가 어느새 해결될 것이다.

의대생이 계속해서 걱정만 했다면 의대를 좋은 성적으로 졸업하지도, 유학을 가지도 못했을 것이다. 하지만 그는 이런 무의식의 힘을 깨달은 뒤로 자신의 상상을 현실로 체험하게 됐고, 시험에도 쉽게 합격했다.

강한 정신력을 얻으려면 의식과 무의식을 모두 한 가지 생각에 집중시켜야 한다. 시험을 잘 보고 싶다면 의식적으로도 좋은 결과를 내려 노력하고, 무의식적으로 드는 생각도 조율해 "잘되고 있다. 나는 시험에서 좋은 성과를 거둘 것이다"라고 되뇌어야 한다.

긍정의 효과를 맛보려면
현재 진행형으로 말해라

조셉 머피 박사의 일화를 하나 더 소개하고자 한다. 집안 형편이 몹시 어려운 학생이 있었다. 학비 낼 돈조차 없어 졸업할 수 있을지 어떨지도 몰라 걱정했다. 그런 걱정 때문에 공부에 집중하지 못하는 그에게 박사가 장래 희망을 물었다. 그 학생은 대학에 들어가 영문학자가 되고 싶다고 대답했다.

　박사는 그에게 외국 대학에서 공부하는 자신의 모습을 그려보라고 했다. 근심에서 눈을 돌려, 자신이 강의하고 있는 장면과 서재에서 연구하고 있는 장면 등을 생각하게 했다. 특히 종이에 이상적인 서재의 설계도를 그리고 그대로 이루어진 듯이 '행동'하게 했다. 그 뒤로 기적과 같은 일들이 잇따라 일어났다. 여러 곳에서 장학금을 받고, 그 결과 꿈에 그리던 외국 대학으로 유학을 갈 수 있게 된 것이다. 그리고 시간이 흘러 본인이 직접 설계했던 멋진 서재에서 연구에 몰두하는 삶을 살게 됐다.

　아마도 그 학생이 계속 학비와 집안 형편 등 부정적인 것에 초점을 뒀다면 대학 입학은커녕 고등학교 졸업도 어려웠을 것이다. 하지만 시선을 돌려 자신이 원하는 결과에 생각을 집중하고, 원하는 모습에 맞춰 부단히 애쓴 끝에 원하는 결실을 거둔 것이다.

　"난 안 될 거야.""이번에도 안 될 것 같아.""실패하면 어쩌지?" 이렇게 자주 말하고 계속 생각하는 학생들이 있다. 이런 학생일수록 "시험을 보고 난 뒤에는 기억이 나는데 시험 칠 때는 하나도 생각이 나지 않았어요"라고 말한다. 부정적인 말이나 걱정은 역효과를 낸다. 생각을 바꿔 긍정적인 말을 하고 살아야 한다.

그런데 몇 주 혹은 몇 달 동안 자신에 대해 긍정적으로 말했는데 아무 변화가 일어나지 않고, 오히려 더 나빠졌다는 사람도 있다. 왜일까? 그 사람이 입으로는 긍정적인 말을 하면서 머릿속에서는 다른 생각을 했기 때문이라고 나는 생각한다. 무의식은 입으로 말한 쪽이 아니라 실제로 생각한 쪽을 진짜라고 여긴다. 사람의 본심, 진심의 말밖에 받아들이지 않는다.

그러면 마음속으로 거짓말이라 느낄 때 어떻게 하면 될까? 한번 현재 진행형으로 말해보자. 예를 들어 성적이 계속 떨어지는 학생이 "나는 시험을 잘 본다"고 말하면서 마음 깊은 곳에서는 그것을 거짓말이라 느낀다고 하자. 그렇다면 이때는 "나는 점차 시험을 잘 보는 방향으로 발전해나가고 있다", "나는 매일매일 나아지고 있다" 하고 말해보는 것이다. 이렇게 현재 진행형의 희망을 밤에 자기 전, 아침에 일어났을 때, 마음이 평온할 때 전신의 힘을 빼고 최대한 느긋하게 거듭 말한다. 그러면 장래의 일이니까 거짓말한다는 기분도 들지 않을 것이다. 무의식 또한 별 저항 없이 받아들인다. 의식과 무의식의 법칙을 잘 활용하면 우리의 삶에 일어날 모든 일들에 긍정적인 영향을 미칠 수 있다. 나아가 빛나는 꿈을 이루는 데 큰 힘이 될 것이다.

마음의 힘을 키우는
뇌 호흡 명상

자신감이 없어지면서 마음이 힘들 때 어떻게 시험을 안정적으로 잘 치를 수 있을까? 앞에서 소개한 무의식의 법칙을 활용하는 것 외에도 마음을 안정시켜주는 명상을 하는 방법이 있다. 명상은 긴장감과 불안감을 해소하고 자신감을 회복할 수 있도록 도와준다.

마음을 안정시켜주는 뇌 호흡 명상법은 다음과 같다.

자리에 앉아 숨을 깊이 세 번 쉰다. 두 손을 천천히 모아 오므렸다 펴기를 반복하면서 뇌와 손 사이가 연결돼 움직이는 느낌에 집중한다. 눈앞에 놓인 중요한 일을 순서대로 그린다. 그 일의 준비와 실행, 마무리 단계까지 생생히 떠올린다. 마지막으로 그 일에 성공해 기뻐하는 자신의 모습을 떠올리며 진심을 담아 "나는 할 수 있다"라고 세 번 말한다. 마음이 안정되고 자신감이 생기면 크게 세 번 호흡하고 마무리한다.

스트레스를 많이 받을 때에는 심호흡을 하면 좋다. 심호흡을 할 때는 배꼽에서 3cm쯤 아래에 있는 관원혈로 천천히 숨을 들이쉬고 천천히 내쉰다. 이를 다섯 번 정도 반복하면 편안해질 것이다. 온몸의 힘을 뺀 상태에서 "나는 오늘도 행복하다. 기분이 안정돼 있다"라고 세 번 정도만 말해도 차분해지는 것을 느낄 수 있다.

시험이 다가온다고 불안해할 것은 없다. 얼마든지 대처할 수 있다. 원하지 않는 것보다 원하는 것에 더욱 집중하자. 생각을 바꾸려는 용기, 마음을 다스리려는 굳은 의지만 있으면 된다. 모든 일은 자신이 생각한 대로 된다. 이 사실을 지금부터 자신에게 유리하게 이용하자. 마음만 고쳐먹으면 바라는 대로 좋은 결과를 얻을 것이다. 항상 모든 것을 자신에게 긍정적인 방향으로 해석하고, 빈 것보다 채워진 것을 볼 줄 아는 지혜로움을 가진다면 무의식은 나를 위해 열심히 운을 끌어당길 것이다.

08

점수에
휘둘리지 마라

"모든 문제는 자신이 생각하는 것만큼
나쁘지 않을지도 모른다.
그리고 거기에는 언제나 길이 있다."

– 리처드 브랜슨 Richard Branson

점수에 휘둘리지 않는 학생은 그리 없을 것이다. 꾸준히 공부해온
학생도 시험 결과가 좋지 못하면 슬럼프에 빠져, 애써 익숙해진 공
부 습관이 무너지고 좀처럼 마음을 잡지 못한다.

　이렇게 점수에 휘둘리는 이유는 시험에 너무 큰 의미를 부여했
기 때문이다. "시험 못 보면 인생 끝이야", "공부 못하면 가망이 없
어"라고 어른들이 부정적으로 하는 말에 어릴 때부터 세뇌돼왔기
때문이다. 하지만 이 말은 틀렸다. 시험 못 봐도 잘 살 수 있다. 공부
못해도 포기하지 않는 한 여전히 승산이 있다.

　물론 시험은 중요하다. 하지만 성적이 나쁘다고 당장 미래가 산

산이 부서지진 않는다. 시험은 하나의 과정일 뿐이지, 미래를 결정 짓는 재판관이 아니다. 내 미래를 결정하는 것은 나 자신이다. 우리 는 시험 이상의 존재다. 시험 결과에 매달리지 말고 꿈을 향해 가던 길을 가면 된다. 빨리 가는 것에 욕심부리지 말고 제대로 가는 것에 집중해야 한다.

따라서 시험을 잘 보는 것만큼 중요한 것이 바로 시험 이후의 자세다. 시험을 도구로 보고, 자신의 꿈을 이루기 위해 유리하게 써 먹을 줄 알아야 한다. 시험은 자신의 실력을 검사받고, 치료할 부분 을 알아보는 정기 검진이다. 시험 보는 것에서 끝내지 말고 부족한 내용에 대해 스스로 '처방전'을 쓸 줄 알아야 한다. 시험 과정을 다 시 떠올리며 취약한 부분을 잡아내고, 오답을 잘 정리할수록 다음 시험에서 좋은 성적을 거둘 수 있다.

실패는 더 배우라는 신호일 뿐이다. 지금 틀린 것들을 잘 배우 면 다음에는 필승한다는 뜻이다. 실패에는 모두 교훈이 숨어 있다. 이 교훈을 잘 찾아내 받아들인다면 실패 수업이 끝나고 성공이 시 작될 것이다. 노력했는데도 실패했다고 주저앉지 말고 다시 도전하 자. 설령 다시 실패하더라도 그것을 통해 더욱 강해지는 법이다. 헨 리 포드Henry Ford가 말했듯 '실패란 전보다 훨씬 풍부한 지식으로 다 시 시작할 수 있는 좋은 기회'이기 때문이다. 지금 당장 실패에서 빠 져나오기 위해, 더욱 강해지기 위해, 시험을 다시 마주하고 거기에 서 '배움'을 뽑아내자.

시험 과정을
되새겨라

앞서 여러 번 강조한 것처럼, 공부를 잘한다고 반드시 시험을 잘 보는 것은 아니다. 1년을 공부했건 3개월을 공부했건, 주어진 시간 내에 공부한 내용을 바탕으로 최대한 많이 문제를 맞혀야 한다. 공부한 기간에 비해 시험 시간은 아주 짧은 순간이며, 작은 실수나 시간 관리 미숙이 점수와 직결되기 때문에 실전력을 따로 키워야 한다.

'시험 잘 보는 기술'은 따로 훈련을 해야 익힐 수 있다. 시간 분배를 어떻게 할지, 문제 풀이 전략은 어떻게 할지, 실수하지 않으려면 어떻게 해야 할지 실전에 대한 대비를 철저히 해야 한다.

평소에도 모의 훈련을 해야겠지만, 시험을 보고 난 뒤에 그 과정을 되새기는 것 또한 실전력을 키우는 데 엄청난 도움이 된다. 1초가 아쉬운 수험장에서 무의식적으로 하는 행동을 평소에는 알아낼 수 없기 때문이다. 수험장에서의 '나'를 분석함으로써 시험을 못 보게 만드는 진짜 약점, 숨겨진 약점을 찾을 수 있다.

- 시간 분배 및 관리를 잘했는가
- 적절한 문제 풀이 전략을 세웠는가
  - 예 쉬운 문제를 먼저 푸는 등 우선순위를 정했는가
- 아는 내용인데도 풀지 못했다면 그 이유는 무엇인가
- 실수했다면 어디서 했는가

- 시험지를 받을 때 정신 상태는 어땠는가
- 긴장감을 잘 완화시켜 떨지 않고 문제를 풀었는가
- 집중력은 끝까지 유지됐는가
- 나의 실전력은 어느 정도인가

스스로에 대해 파악해냈다면 정확히 기록한다. 오늘의 기록은 자신의 한계를 깨는 데 아주 효과적인 무기가 될 것이다! 스스로에 대한 정확한 기록이야말로 성적이 오르는 비결이다.

공부법을 점검하고
다음 시험에 대비한 전략을 세워라

시험 과정을 복기해보고, 필요하다면 공부 계획을 수정해야 한다. 예를 들어 실전 연습량이 턱없이 부족하다고 느꼈다면 공부 계획에 실전 훈련 시간을 집어넣는다. 실제 시험인 것처럼 시간 분배 연습, 주어진 시간 안에 문제를 완벽하게 푸는 연습, 실수하지 않는 연습을 충분히 한다.

또한 시험 결과를 바탕으로 과목별 학습법을 다시 한 번 점검하자. 취약 과목, 취약 단원이 뭔지 분석하고, 이를 개선할 학습 계획을 세워야 한다. 단 과목별 균형을 깨뜨리지 않으면서 주어진 시간 내에 가능한 가장 효율적인 방법이어야 한다. 그리고 일단 개선 방안을 생각했다면 빠르게 실행하는 것이 좋다.

예를 들어 영어 영역 중 문법 파트가 문제라고 치자. 이를 깨달은 즉시 구체적인 계획을 세운다. 얇은 문법책 한 권을 독파한 뒤 몇 번이고 반복해 저절로 외워지도록 하는 학습 계획을 세우는 것이다. 이것이 빠르게 약점 파트를 강점으로 전환시키는 방법이다.

결과에 연연하기보다 원인 파악에 집중해라. 성적은 공부를 하면 할수록 올라가지만, 공부량에 정비례하지는 않는다. 성적은 직선이 아니라 계단형으로 향상된다. 공부를 아무리 열심히 해도 처음에는 성적에 전혀 변화가 없다가 어느 순간, 놀라울 정도로 급상승한다. 이 사실을 명심하자. 시험 결과에 일희일비하지 않고 꾸준히 계획대로 노력하면 언젠가는 반드시 목표한 자리에 이를 수 있다.

약점과 오답을 잘 정리할수록
다음 시험에 더 잘 대비할 수 있다

대부분의 학생은 시험을 '보는' 것에 그친다. 하지만 비범한 학생은 시험을 '파헤쳐본다.' 그 둘 사이의 차이는 처음엔 별것 아닌 것 같지만 나중에 비교해보면 다음 시험 성적이 달라지는 것은 물론, 나아가 불합격과 합격으로 전혀 다른 결과를 얻게 된다. 그만큼 시험지를 활용하는가에 따라서 앞으로의 실력이 결정된다. 가장 효과적인 시험지 및 오답 정리는 다음과 같이 4단계를 거치는 것이다.

1단계 시험지 상단에 날짜를 기입하고 시험 상황과 점수에 대한 피드백 적기

예 시간 분배를 못하고, 실수를 많이 함 / 난이도가 쉬워 실력 이상으로 잘 보았음

2단계 전체 문제를 훑어본 뒤, 틀린 문제를 다시 풀어보고 정답을 확인해보기

쉬운 문제를 먼저 푸는 등 정해진 우선순위에 따랐는가

3단계 문제들을 하나하나 재확인하여 분류하고, 틀린 원인에 따라 각각 다른 표시하기

O표시: 완벽히 알고 답을 쓴 문제

V표시: 문제를 잘못 읽은 경우, 다른 내용과 혼동해서 실수나 착각으로 틀린 문제

△표시: 모르는 내용이었는데 추측이나 찍기로 맞춘 문제

★표시: 정말 몰라서 틀린 문제

4단계 약점을 강점으로 바꿔주는 효율적인 오답 노트 만들기

3단계, 문제를 제대로 분류하고 하나하나 나만의 표시를 명확히 해두는 것은 무척 중요하다. 학생들이 많이 하는 실수 중의 하나가 운으로 맞춘 문제도 자기 실력이라 착각하고 넘어가는 것이다. 그런 문제일수록 반드시 △표시를 해두고, 해설지를 보며 정답 해설이 내가 답으로 선택한 이유와 맞는지 꼼꼼히 확인해야 한다. 그래야 다음번 시험에서 비슷한 문제가 나왔을 때 이전과 마찬가지로

고민하며 답을 적거나 틀리는 일이 없기 때문이다.

4단계, 오답 노트를 만드는 것도 효율적인 방법이다. 이때 어떻게 노트를 적는가, 그 방법이 중요하다. 어떤 학생은 틀린 문제를 일일이 옮겨 적고 오답 노트를 만드는데 시간을 많이 쓴다. 이렇게 노트 작성에 시간이 많이 걸리는 학생들은 오답 노트를 따로 만들지 않고 대신 시험지를 오답 노트로 활용하면 훨씬 시간이 절약된다. 또한 시험지에 직접 실전 상황에서 발견된 약점들을 눈에 띄게 체크해두면 나중에 빠르게 오답 문제들만 따로 반복적으로 복습할 수 있다.

시험지를 펼쳐 틀린 문제에 형광펜으로 눈에 띄게 테두리를 긋고, 그 안에 ① 문제 풀이 ② 틀린 원인 ③ 문제와 관련된 교과서와 문제집의 참고 페이지를 적어두면 그 자체만으로도 충분한 오답 노트가 된다.

시험지를 모아서 집게로 집거나, 클리어 파일에 차곡차곡 모아놓으면 역시 훌륭한 오답 파일이 된다. 이렇게 해두면 다음에 시험을 보기 직전에 그동안 공부한 것을 훑어볼 때, 혹은 약점을 집중적으로 보완하고자 할 때 오답 파일을 꺼내 시험지들을 펼쳐 한눈에 집중적으로 개선해야 될 내용을 재확인할 수 있다. 몇 번이고 다시 복기해 보는 과정을 통해 약점이 강점으로 바뀌고, 다시는 비슷한 유형의 문제를 틀리지 않도록 탄탄하게 실력을 보강하게 된다.

생각보다 많은 학생들이 오답 노트를 안 만들고 시험지를 대충 쌓아두거나 심한 경우에는 버린다. 남은 기간 동안에 성적을 어떻게 올릴 것인지 치밀한 계획을 세우려면 지난 시험지를 보며 학습 상태와 강약점을 파악해야 하는데, 지난 시험지조차 없다는 건 오답 확인의 중요성을 느끼지 못하고 있는 것이다.

그런 친구들은 평계도 다양하다. "오답 노트 작성하는 시간이 너무 많이 걸려요." "새로운 것도 배워야 하는데 오답 노트 만들 시간이 없어요." "버렸어요. 시험을 못 봐서 보면 짜증나고, 다시 보기가 싫어요."

이런 모습을 보면 너무나 안타깝다. 평소에 공부할 때는 내가 무엇을 잘하고, 어떤 과목이나 어떤 단원을 이해하지 못하고 있는지 발견할 수가 없다. 오직 시험장에서만 드러나는 약점들이 있기 마련이다. 시험지를 재확인하는 과정은 이런 약점을 다 색출해서 발견할 수 있는 기회이기 때문에 많이 틀리고 실수할수록, 앞으로 다가오는 시험에서 크게 역전할 수 있는 여지가 있다는 점을 잊지 말자.

그리고 부족한 부분이 있다는 것은 그 부분만 보완하면 크게 발전할 수 있다는 뜻이기도 하다. 모르면 고칠 수도 없지만, 알면 얼마든지 고칠 수 있다. 시험은 보물찾기와 같다. 그 보물은 '성적'이라는 포장지에 싸여서 온다.

보물을 찾아내자. 제아무리 포장지가 기분 나쁘게 생겼다고 해도 버리지 말자. 상자 속에 뭐가 들었는지 파헤쳐볼 용기를 내자. 시험지에서 보물을 얼마나 잘 찾아내느냐에 따라 앞으로의 실력이 결정된다.

CHAPTER
5

명문대 합격,
자기주도학습에 달렸다

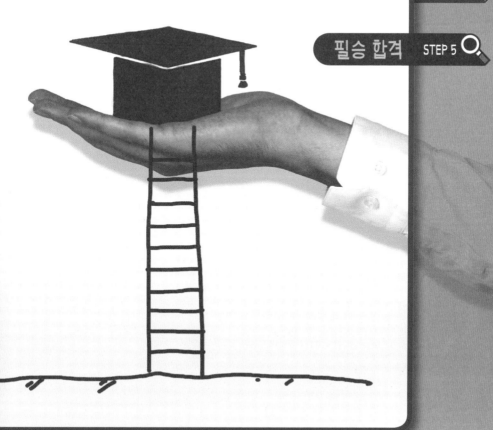

"모두가 자신의 꿈을 지니고 있지만 인생의 모진 바람이 불어닥치면
절대 다수는 가슴에 품었던 꿈을 포기하게 된다.
오로지 험한 인생길에서 꿈을 보호하고 키워가는
극소수만이 그 꿈을 실현하게 된다."

— 우드로 윌슨 Woodrow Wilson

01

명문대 합격생들의
특별한 1%

> "우리가 무슨 생각을 하느냐가
> 우리가 어떤 사람이 되는지를 결정한다."
>
> – 오프라 윈프리 Oprah Winfrey

플라세보 효과란 환자에게 가짜 약을 진짜 약이라고 하며 복용하도록 했는데, 실제로 병세가 호전되는 현상을 말한다. 환자가 약이 아닌 '믿음'을 먹고 병이 낫는 것이다. 믿는 것만으로도 긍정적인 효과가 나타난다. 이 플라세보 효과는 프랑스의 약사이자 심리 치료사인 에밀 쿠에Emile Coué가 발견했는데, 그는 여기서 한 단계 나아가 '자기 암시 요법'까지 창안했다.

인간은 항상 무심코 자기 자신에게 뭔가를 말한다. 이렇게 자신도 모르게 하는 중얼거림을 '자기 암시'라고 한다. 이 자기 암시에는 놀라운 힘이 있다. 자신이 할 수 있다고 믿으면 하게 되고, 못 한다고 믿으면 못 하게 되는 것이다. 실제로 나는 이런 상황을 여러 번 목격해왔다.

그럴 정도의 실력이 아닌데 "저는 SKY 갈 거예요, 올해! 내년에 명문대생이 될 몸이에요"라고 말하는 아이들이 있다. 이런 아이들은 처음에는 공부를 못할지 몰라도 자신에 대한 믿음이 강해 끈기가 있다. 수능 직전 모의고사에서까지 그리 좋은 성적을 받지 못하더라도 그런 믿음은 조금도 흔들리지 않는다.

"안 떨리니?"

"네! 까짓, 찍어서라도 맞혀서 잘 보면 되죠. 저는 럭키가이니까요."

정말 신기할 정도의 자신감이다.

반면 실력은 대한민국 0.01%인데 시험이 다가올수록 정신력이 무너지는 아이들이 있다. 자꾸 불안해하고, 자신 없어하고, 부담감에 어쩔 줄 몰라 한다. 이런 아이들은 평소에 아무리 모의고사 성적이 좋았더라도 정작 수능에서는 제 실력을 발휘하지 못한다.

이렇게 매년 수능 때마다 정신력의 힘을 직접 목격하다보니 이제는 느낌이 온다. 지금 실력과 관계없이, 자기 자신에게 하는 말을 들어보면 그 학생의 미래가 보인다.

99%의 노력을 빛내는
1%의 정신력

평소에 우리가 스스로에게 어떻게 말하는지를 보면 자신의 무의식이 어떻게 생각하고 있는지를 알 수 있다. "못 하겠어", "성적 안 오를 것 같아", "한계야"라고 부정적으로 말하고 있는가, "이 정도는 껌이지", "난 운이 좋은 놈이야", "난 강해. 죽지 않아!"라고 긍정적으로 말하고 있는가.

무심코 부정적인 자기 암시를 걸고 있다면 아무리 노력해도 부정적인 결과를 끌어들이게 된다. 의지와 상상이 부딪히면 언제나 상상이 승리한다. 무의식을 자신에게 유리한 방향으로 바꿔야 한다.

에밀 쿠에는 말했다. "해야 할 일을 늘 쉽다고 생각해라. 마음속으로 필요 이상의 힘을 쏟지 마라. 어렵다고 생각하면 필요한 힘의 열 배, 스무 배가 들어간다. 이것은 낭비다. 긍정적인 상상을 해라. 그리고 이 말을 하루에 스무 번씩 되풀이해라. '나는 날마다, 모든 면에서, 점점 나아지고 있다!'"

한 분야에서 놀라운 업적을 이루는 사람들은 99%의 노력을 빛내는 이 특별한 1%, '정신력'이 가진 힘에 대해 이미 꿰뚫고 있다. 그들은 마인드 컨트롤을 하는 시간을 따로 가진다.

운동선수들에게 이미지 트레이닝은 이제 거의 필수 코스다. 한국 여자 역도를 대표했던 장미란 선수도 시합 전 일정 기간 동안 이 특별한 심리 훈련을 했다고 한다. 텔레비전 방송에 장미란 선수가 이미지 트레이닝을 받는 모습이 나온 적이 있다. 매일 일정 시간 동안 의자에 앉아, 경기장에서 역기를 번쩍 들고 관중의 환호를 받으며 금메달을 받는 모습을 생생히 상상했는데, 놀랍게도 그녀의 상상은 현실이 됐다.

런던 올림픽 사격 금메달리스트 진종오 선수는 훈련 일지에 매일 심리 상태를 기록하고, 30분씩 '난 챔피언이다'라는 문구를 반복적으로 외워 자신감을 고조시켰다. 이렇듯 국가 대표 선수 코치나 유명 스포츠 구단 등은 심리의 중요성을 깨닫고, 저명한 스포츠 심리학자를 고용해 선수들의 정신력을 치밀하게 관리하고 있다.

공부도 마찬가지다. 승리를 일구는 핵심 요인은 '정신력'이다. 기적적으로 명문대에 합격하는 쾌거를 이뤄낸 학생들을 보면 정신력이 대단하다. 자신에 대해 확신에 차 있어 남들의 비관적인 말에도 흔들림이 없다. 그리고 그 이면에는 끊임없이 반복하는 강력한 자기 암시가 있다. 목표로 하는 모습을 시각적으로 그려보고, 자신에게 유리한 자기 암시를 계속적으로 말하도록 하자.

마인드 컨트롤로
기적을 경험한다

미국 성공 철학의 대명사 나폴레온 힐Napoleon Hill은 《놓치고 싶지 않은 나의 꿈 나의 인생》에서 자기 점검을 통해 부정적인 생각을 떨쳐버리는 것이 중요하다고 강조했다. 지금 마음속에 떠오르는 부정적인 생각은 자신이 떨쳐내버리기로 결심한 과거의 산물이다. 자신이나 타인 혹은 관련된 상황에 대해 분명하게 긍정적인 태도를 취하고, 이를 강력한 해독제로 삼아 부정적인 생각들에 맞서야 한다.

스물두 살에 역대 최연소 변호사가 된 손빈희 씨는 한 인터뷰에서 "저는 영화나 드라마를 보며 '국경을 넘나들며 활동하는 능력 있는 변호사, 멋진 커리어 우먼이 돼야지'라고 항상 마음속에 그림을 그렸어요. 막연하지만 어린 시절의 꿈을 가슴에 계속 품고 그걸 향해 달리다보니 어느 순간 그 그림에 가까워져 있었습니다"라고 밝혔다.

심리학에서는 의식과 무의식이 싸우면 언제나 무의식이 이긴다고 이야기한다. 인간은 일반적으로 생각하는 것 이상으로 무의식의 영향을 크게 받는다. 예를 들어 '나는 훌륭한 변호사가 될 것 같다'고 의식적으로 생각하려 애써도, 마음속에서 무의식적으로 '불가능할 것 같아'라고 느끼면 자신감이 떨어지고 부정적인 결과를 부르게 된다.

그래서 나는 학생들에게 "여러분의 가슴속에는 '긍정적인 나'와 '부정적인 나' 이렇게 두 종류의 '나'가 들어 있습니다"라고 이야기한다. 그리고 '부정적인 나'와 타협하지 말고 늘 '긍정적인 나'가 돼야 한다고 강조한다. 긍정적인 정신은 머리뿐 아니라 행동에도 영향을 미친다. 언제든 늘 긍정적인 자세가 배어 나오는 마음을 갖도록 주의하자.

"당신이 어떤 사람을 지금 모습 그대로 취급한다면 그는 언제까지나 지금 상태로 남겠지만, 당신이 마땅히 돼야 할 모습으로 대한다면 그는 그렇게 될 것이다"라고 괴테는 말했다.

명문대 합격생들에게는 지금의 모습을 있게 해준 특별한 강점이 있다. 바로 강인한 정신력이다. 존 C. 맥스웰John C. Maxwell도 스스로에 대한 강한 확신의 중요성을 강조했다.

"당신의 오늘은 어제 생각한 결과다. 당신의 내일은 오늘 무슨 생각을 하느냐에 달려 있다."

지금부터 자신에게 긍정적인 자기 암시를 걸어라. 그리고 서서히 자신 안을 위대한 모습으로 채워라. "나는 날마다, 모든 면에서, 점점 더 나아지고 있다!"

02

목표를 달성하는
손쉬운 방법

> "말은 씨앗과 비슷하다.
> 입 밖으로 나온 말은 우리의 무의식 속에 심겨 생명력을 얻는다.
> 그리고 뿌리를 내리고 자라서 그 내용과 똑같은 열매를 맺는다."
>
> – 조엘 오스틴 Joel Osteen

입시를 준비하는 데 있어 아직 모르는 것이 많다고 해서 두려워할 필요는 없다. 주도적으로 공부하는 법을 앞에서 배웠으니, 이제 그대로 실천하기만 하면 된다. 지금은 실현 가능성이 낮아 보이는 목표라 할지라도, 스스로를 믿고 부단히 노력한다면 분명히 다다를 수 있다. 나는 할 수 있다고, 의식과 무의식에 큰 소리로 외치자. 몸과 마음이 지칠 때에도 빛나는 미래를 생각하며 열정적으로 공부하자.

모두에게 꿈과 목표를
공개 선언하자

우리 학원에 전설로 회자되는 학생이 있다. 그 학생은 학원 문이 열리는 새벽 5시 30분에 정확히 도착해 30번씩 다음과 같이 말했다.

"최고의 대학들이 내게 합격증을 주려고 줄을 서 있다!"

"나는 정말 머리가 좋다. 정말로, 정말로 매일매일 실력이 쑥쑥 는다!"

"나는 강하다. 나는 강하다. 나는 강하다!"

어느 날, 나는 평가원 모의고사 시험지를 받으러 일찍 출근했다가 우연히 이 광경을 보고 깜짝 놀랐다. 다른 학생들은 보통 7시 정도에 오는데, 그 학생은 그보다 1시간 30분이나 일찍 와서, 매일같이 자리에 앉기 전에 몇 번이고 이 말을 외쳤다. 책상에도 'SKY 합격! 나는 해낸다'라는 문장이 커다랗게 적혀 있었다. 다른 사람들이 지나다니다가 얼마든지 볼 수 있는 크기였다. 자신의 목표를 공개 선언한 것이나 마찬가지였다. 그래서인지 눈빛이나 태도, 공부하는 자세가 남달랐다. 이른 등교 습관은 1년이 지나도록 한결같았다. 도무지 움직일 기미가 없던 성적도 어느새 계단식으로 껑충껑충 뛰어올랐다. 결국 그 학생은 간절히 원하던 SKY에 당당히 합격했다.

이 학생만 특별히 말의 힘으로부터 도움을 받은 것은 아니다. 실제로도 다른 사람들에게 말이나 글로 자신의 목표를 선언하면 그것을 이루려는 동기가 높아져 더욱 최선을 다하게 된다고 한다. 바로 '공개 선언 효과'로, 스티븐 C. 헤이스_{Steven C. Hayes} 네바다대학교 심리학 교수가 이를 처음 증명해냈다.

교수는 먼저 학생들을 세 그룹으로 나눴다. 첫 번째 그룹에게는 자신이 받고 싶은 목표 점수를 다른 학생들 앞에서 공개하게 했다. 두 번째 그룹에게는 마음속으로만 생각하게 했다. 세 번째 그룹에게는 목표 점수에 대한 어떠한 요청도 하지 않았다. 실험 결과는 놀라웠다. 첫 번째 그룹이 다른 두 그룹보다 높은 점수를 받은 것이다. 또한 두 번째 그룹과 세 번째 그룹은 별 차이가 없었다.

이처럼 자신의 목표를 남들에게 말하는 것은 매우 중요하다. 속으로 한 결심은 포기하거나 번복하기 쉽지만, 이미 남들이 알고 있다면 흐트러지는 자신을 다시 한 번 다잡게 될 것이다. 진심으로 이루고 싶은 꿈과 목표가 있다면 다른 사람들 앞에서 용기 있게 선포하자.

꿈과 목표를 글로 적고
수시로 확인해라

1년 내내 자신의 꿈은 물론 자신의 상태를 기록하는 학생이 있었다. 그 학생의 모든 책 첫 페이지에는 그 책을 공부하기 시작한 날과 끝마친 날이 빠짐없이 기록돼 있었다. 그리고 그 날짜들은 모두 스물여섯 개, 그러니까 책 한 권을 처음부터 끝까지 열세 번씩 공부했다는 뜻이었다. 그 학생의 꿈은 SKY였다. 학원에 처음 왔을 당시에는 중위권 대학도 힘들어 보였는데, 결국 정시로 연세대학교에 당당히 합격했다.

미국의 명문대 예일대학교에서도 꿈을 마음속에만 간직하는 것과 글로 적어놓는 것과의 차이를 증명하는 실험을 했다. 예일대 졸업생들을 대상으로 조사한 결과, 꿈을 가진 사람은 30%에 불과했다. 또 거기서 3%만이 자신의 목표를 글로 적어두고 언제든지 확인하며 생활했다. 20년이 지나고 해당 학생들을 찾아가봤다. 그 결과, 꿈을 적었던 3%는 모두 자신의 꿈을 이뤘다. 그들의 사회적 기여도 역시 나머지 97%보다 훨씬 높았다.

간절히 원하는 꿈과 목표를 생생하게 상상하고, 소리 내어 말하고, 선언하고, 그 꿈과 목표로 이어지는 일을 종이에 적어라. 목표 달성에 대한 의지가 더욱 높아질 뿐 아니라 달성하지 못하면 부끄럽다는 생각이 들어 더욱 노력하게 된다. 또한 주위로부터 격려와 협조를 받을 수 있다. 성공했을 때 칭찬받을 것을 생각하면 더욱 힘이 난다.

이른 아침 집을 나설 때 높은 하늘 한번 바라보며 세상을 품을 듯 두 팔을 벌리고 원하는 것을 말해보자! 늦은 밤 별을 올려다보며 고요한 세상을 향해 자신의 꿈을 글로 적어 알려보자! 꿈꾸고 바라는 모든 것을 이룰 수 있을 것이다.

03

꿈은 우리를
공부에 미치게 한다

"한 가지 뜻을 세우고 그 길로 가라.
잘못도 있으리라. 실패도 있으리라. 그러나 다시 일어나서 앞으로 가라.
반드시 빛이 그대를 맞이할 것이다."

– 임마누엘 칸트 Immanuel Kant

초인적인 힘을 발휘해 목표를 향해 달려가는 사람이 있다. 이런 사람들은 눈빛부터 다르다. 뭔가에 굉장히 홀려 있다. 보통 사람은 엄두도 내지 못할 일들을 해내는 사람들, 그들의 비결은 무엇일까?

하루 12시간씩 공사장 막일을 하며 공부하여 의대에 합격한 박진영 씨의 이야기는 강렬한 꿈이 얼마나 초인적인 힘을 내게 하는지 보여준다.

박진영 군은 태어나자마자 부모님이 이혼해 할머니의 손에 자랐다. 두 사람의 한 달 생활비는 할머니의 노령 연금 10만 원이 전부여서, 노인정에 가야 겨우 한 끼를 해결할 수 있었다.

고등학생이 된 그는 생계를 해결하기 위해 공사장에 나갔다가 턱이 부러지는 사고를 당했다. 감당할 수 없는 엄청난 수술비에 절망하는 한편, 이런 형편에 나중에 어떻게 할머니를 모시고 살 수 있을까 암담한 기분이 들었다. 그래서 공부를 하기로 마음먹었다. 그런 어느 날, 어깨가 부러져 통증에 시달리면서도 병원비 때문에 치료받지 못하는 이웃 할머니를 보며 정형외과 의사가 되기로 결심했다.

새벽부터 저녁까지 12시간 막노동을 하고 집에 돌아와, 녹초가 된 몸으로 의지와 인내심 하나로 공부를 해나갔다. 그리고 마침내 공부를 시작한 지 3년 만에 서남대 의대에 6년 장학생으로 합격했다.

〈강연 100℃〉에 출연한 그는 자신과 처지가 비슷한 학생들에게 힘이 될 거라 생각하니 더 행복하다고 했다. 또한 한겨울에 할머니를 모시고 노인정에서 살았던 일, 훔친 쌀을 뜨거운 물에 불려서 끼니를 때웠던 일 등 이 모든 고생과 경험이 귀한 재산이 됐다고 말했다. 이러한 경험 덕분에 앞으로 더 힘든 일이 있더라도 잘 살 수 있으리란 자신감이 생겼다는 것이다. 그리고 마지막으로 어릴 적 자신처럼 벼랑 끝에 서 있을 누군가를 잡아주고, 자신의 할머니처럼 힘들고 어렵게 사시는 분들을 돕는 그런 멋진 의사가 되고 싶다고 포부를 밝혔다.

독일 철학자 프리드리히 니체Friedrich Nietzsche는 '왜' 살아야 하는지 아는 사람은 '어떠한' 상황도 참고 견뎌낼 수 있다고 했다. 박진영 씨는 가난을 이겨내고 할머니와 어려운 주위 사람들을 도와야겠다는 일념 하나로 정신력을 중무장하고, 공사장에서 막노동을 하며 독학으로 의대에 합격했다.

　'안락함'은 때로 독이 된다. 자신이 하고 싶은 공부를 할 수 있는 시간과 뒷바라지해주는 누군가가, 아이러니하게도 사람을 안주하게 만들고 나태하게 만든다. 그럴 때는 지금 이 순간을 이겨내게 만들어줄 '꿈'을 되새기자. 가슴 깊은 곳에서 꿈틀거리는 간절한 꿈을 생생히 되살린다면 자리에서 벌떡 일어나 초인적인 힘을 내게 될 것이다.

꿈이
미래를 만든다

공부가 너무나 하고 싶어서 가슴이 다 두근거릴 정도가 되려면 마음 저 밑바닥에서부터 꿈틀대는 꿈을 찾아내야 한다. 그런 꿈을 찾은 학생은 어떻게든 이를 이루고 싶은 열망에 차서 공부의 신으로 변모한다. 누가 억지로 시킬 필요가 전혀 없다. 꿈을 이루는 데 있어 공부는 반드시 필요한 도구라는 것을 알기 때문이다.

　몇 년 전, 한 학생이 재수를 한다며 학원을 찾아왔다. 원래 성적이 바닥이었는데, 고2 어느 가을날, 어머니와 이모와 택시를 함께 탄 일이 인생의 전환점이 됐다고 한다. 그 학생은 어머니와 이모가 나누는 이야기를 옆에서 들으면서 집안 형편이 너무나 어렵다는 것을 처음 깨달았다. 아버지가 없는 상황에서 어머니 홀로 자신을 교육시

키느라 얼마나 고생하는지 그제야 알게 된 것이다. 게다가 어머니는 지병이 있어 건강이 몹시 좋지 않았다. 그 학생은 몹시 죄송한 마음이 들었다. 그리고 고생하시는 어머니에게 조금이라도 보답하는 길은 대학 합격뿐이라고 생각, 고등학교 1학년 교과서를 새로 사서 공부를 시작했다. 고3까지 열심히 성적을 올렸으나 아쉬움이 많아 다시 한 번 입시에 도전하고자 학원을 찾은 것이었다.

이야기를 들은 나는 그 학생이 최상의 성적을 낼 수 있도록 온 신경을 기울였다. 학생 역시 단 한 번도 흐트러지는 일 없이 하루 14시간 이상을 공부에 매달렸다. 그 결과 놀랍게도, 연세대 상경대와 경희대 한의대를 동시 합격했다. 공부를 해야만 하는 절실한 환경적 동기가 이런 결과를 만들어낸 것이다.

나는 매주 월요일 조회 때마다 명문대에 가고 싶거든 그에 걸맞은 행동을 하라고 강조한다. 모두가 쉬는 가운데에서도 목표를 이루기 위해 공부하는 단 한 명이 되라는 뜻이다. 비록 성적이 하위권이라 할지라도 꿈을 가진 사람은 쉽게 좌절하지 않는다. 공부를 잘해내야만 자신이 원하는 삶을 살 수 있기 때문이다. 꿈이 생기고 절절한 동기가 주어지면 집념을 발휘해 최선을 다하게 된다.

꿈을 이루기 위해서는 자신과의 싸움을 이겨내야 한다. 자기 인생의 주인이 되기 위해, 빛나는 미래를 위해, 목적지에 명예롭게 다다르기 위해 온 힘을 다해야 한다. 꿈을 향해 미친 듯이 도전할 때의 희열은 이루 말할 수 없다. 꿈은 우리를 공부에 미치게 한다.

04

나를 알고 공부하면
백전백승

"자기가 어디로 가고 있는지를 아는 사람은
세상 어디를 가더라도 길을 발견한다."

– 데이비드 스타 조던 David Starr Jordan

합격 수기를 읽으면 강력한 의지로 힘든 상황을 참아내야만 합격이 결정되는 것처럼 보인다. 수기 속 합격자들처럼 전력투구해야 한다고 생각하지만, 실제로 해보면 그리 쉽지가 않다. 자극을 받아 책상 앞에 앉았다가도 금방 지치고 원래대로 돌아온다. 그러면서 자신의 약한 의지력을 탓한다. 하지만 의지력은 고갈될 수 있는 소모성 자원이다. 합격 수기 속 합격자들도 실제로는 의지력이 그렇게 강하지 않을 수 있다. 그들이 합격한 이유는 의지력이 떨어졌을 때 충전할 줄 알았기 때문이다.

심리학에서는 의욕을 동기 부여라고 부른다. 동기 부여에는 내적 동기 부여와 외적 동기 부여가 있다.

내적 동기란 내면에서 우러나는 동기로, 실력을 쌓고 성장하고 싶은 욕구와 연결된다. 자신이 이뤄냈다는 사실에 만족감을 느끼고, 스스로를 북돋우는 것이다. 예를 들어 몰랐던 사실을 알아가는 것에 재미를 느껴 자발적으로 공부하는 것 같은 경우다.

한편 외적 동기란 공부 자체보다는 공부로 이룰 수 있는 결과물, 어떤 보상을 말한다. 예를 들면 '명문대에 가고 싶다', '성공하고 싶다', '쟤한테는 지고 싶지 않다'와 같은 생각이 동기가 돼 공부하는 것이다.

두 가지 중 자신에게 맞는 방법을 찾고, 의지력이 떨어졌을 때 충전할 줄 아는 것이 비결이다. 자신이 외적인 성취를 생각할 때 자극받는 사람인지, 외부 요인보다는 스스로 성장하는 것을 느낄 때 자극받는 사람인지 말이다.

공부 잘하는 학생들을 보면 나태해질 때 스스로 마음을 다잡는 나름의 방법이 있다.

"너는 어떻게 그렇게 끈질기게 1년 내내 열심히 공부할 수 있었니? 대단하다. 지치지 않았어?"

"저도 사람인데 지칠 때가 있었죠. 그럴 때마다 제 친구를 생각했어요. 저보다 공부를 못했는데 더 좋은 대학에 갔거든요. 얼마나 자랑하던지, 힘들 때마다 일부러 그 순간을 되새겼어요. 그러면 자다가도 벌떡 일어나게 됐죠. 지고 싶지 않아서요. 그 친구 덕분에 1년 내내 한눈팔지 않고 열심히 공부했어요."

이처럼 힘들 때마다 좋은 대학에 멋지게 합격하는 모습을 그리며 동기 부여를 했다는 학생들이 많다.

한편 최선을 다해 공부했을 때 자신에게서 새로운 모습을 발견하고, 성적도 올라가는 맛에 열심히 한다는 학생도 있다.

"제가 이렇게까지 할 수 있는지 몰랐어요. 공부를 하면 할수록 실력이 느니까 더 잘하고 싶어지더라고요."

우리 안에는 공부를 열심히 하고 싶어 하는 모범생과 나태해지고 싶어 하는 반항아가 있다. 언제 모범생이 되고 언제 반항아가 되는지 '자신'을 알아야 한다. 다시 말해 언제 공부가 잘되고, 언제 공부가 안 되는지 파악하라는 것이다. 자신을 알고 공부하면 백전백승이다.

나를 파악하기 위한
'자기 관찰 노트' 쓰기

자기 자신을 파악하기 위해 '자기 관찰 노트'를 활용할 수 있다. 공부가 잘될 때와 그렇지 않을 때를 바로바로 기록해두는 것이다.

유난히 공부가 잘된 날에는 하루를 되돌아보며 그 이유를 찾아본다. 예를 들어 주변에서 같이 공부한 사람이 열심이었다든가, 도서관에 갔다든가, 전날 잠을 충분히 잤다든가, 다소 사소해 보일지라도 그날의 공부 환경과 자신의 상태에 대해 기록한다.

반대로 뭘 해도 공부가 되지 않은 날에는 뭐가 문제였는지 생각해본다. 예를 들어 집에서 공부했다든가, 스마트폰으로 인터넷을 많이 했다든가, 친구들과 어울려 수다 떤 내용이 계속 머리에 남아 잡생각이 많이 들었다든가, 이렇게 부정적인 영향을 주는 요소들을 철저히 찾아내야 한다.

이런 식으로 '자기 관찰 노트'를 통해 내면의 나태한 반항아를 길들이는 실마리를 찾아내보자.

나를 다스리는
동기 부여 방법 찾아내기

내면의 나태한 반항아가 언제 나타나는지 실마리를 찾았다면 이제 그 반항아를 다스릴 방법을 찾아야 한다. 공부가 하고 싶어지는 동기 부여 방법을 생각해두거나, 거꾸로 공부하지 않을 수 없게 제어 장치를 마련해두는 것이다.

하나, 내게 맞는 방법으로 동기 부여한다

내적 동기 부여(내면)를 하는 가장 쉬운 방법은 목표 대학에 자신이 입학하는 장면을 머릿속에 각인시키고, 마음이 흐트러지려고 하면 그 장면을 떠올리는 것이다. 또 늘 에너지 넘치게 공부할 수 있도록 '나는 수능 시험을 지배한다. 나는 반드시 해낸다'라고 자기 암시 효과가 있는 긍정적인 주문을 외워 능력을 최대로 끌어 올리는 것도 좋은 방법이다. 또 합격 소식에 부모님이 기뻐하며 자신을 칭찬하는 장면 역시 좋은 동기 부여 소재다. 가고 싶은 대학 탐방, 명언 탐독, 미래 직업 탐색 등도 긍정적인 동기 부여가 된다.

외적 동기 부여(환경) 방법은 환경을 조성하는 것이다. 묵묵히 혼자서 공부를 계속하기란 쉬운 일이 아니다. 그룹을 만들어 여럿이 함께 공부하면 서로서로에게 좋은 자극이 될 것이다. 마음이 조금 풀어졌다가도 바로 옆에서 열심히 공부하는 친구에게 자극을 받기 때문이다.

이런 동기 부여로 해결하기에는 피로와 스트레스가 너무 심하거나 극심한 슬럼프가 왔을 때에는 아예 마음을 놓고 피로를 풀어주는 것도 방법이다. 이따금 운동 경기나 콘서트를 관람하면서 마음껏 스트레스를 발산하면 다시 공부에 임했을 때 더 능률이 오를 것이다.

둘, 내게 통하는 제어 장치를 마련한다

지금은 정치가지만, 예전에는 컴퓨터 백신 개발자로 유명했던 안철수 의원은 나태해지는 것을 막기 위해 어떤 제어 장치를 마련했다. 예를 들어 어떤 분야를 공부해야 할 때 잡지사에 전화를 걸어 그 분야에 대한 글을 쓰겠다고 말했다고 한다. 그렇게 무작정 약속해버리면 더 이상 게으름을 피울 수가 없다. 부지런히 자료를 찾고 공부해가면서 글을 썼고, 결과적으로 해당 분야에 대해 공부할 수 있었다는 이야기다. 이렇게 게으름을 피우고 싶을 때조차 스스로 공부할 수밖에 없도록 만드는 장치를 마련해야 한다.

자기주도학습을 하면 '자기 관리 능력'이 향상된다. 자신이 어떤 환경에서 실력을 발휘하는지, 어떤 때 슬럼프가 오고 어떻게 극복할 수 있는지 등 자신에 대해 자세히 알 수 있다. 힘을 주고 의지를 불태우게 해주는, 자신에게 맞는 충전 방법을 잘 아는 학생이 결국 목표한 일을 이룬다. 의지력이 바닥날 때마다 적절한 충전 방법으로 마음을 다잡고, 열정에 불을 붙일 줄 아는 사람이 되도록 하자.

끝까지 나를 믿어줄 사람은 '나'뿐이다

내가 학생들에게 늘 하는 이야기가 있다. 자신에 대해 그 어떤 부정적인 말이나 행동도 하지 말라는 것이다. 또 주변에서 부정적인 말을 하더라도, 스팸 메일을 받았다 여기고 머릿속에 잔재를 남기지 말라고 당부한다. 사람의 무의식은 보는 것, 듣는 것에 영향을 많이 받기 때문에 나쁜 기운이 흘러들지 않도록 주의해야 한다.

뇌 과학자들은 일어나지 않길 바라는 일을 떠올렸을 때 무의식은 실제라고 받아들이고, 전두피질은 그것이 우리가 바라는 일이라는 암시를 받는다고 한다. 우유를 쏟으면 안 된다고 말하면 무의식은 그 이미지를 실제라고 받아들이고 우유를 쏟게 만드는 방향으로 작용한다. 그러면 결국 어떻게 될까? 쏟지 않으려고 의식적으로 모든 노력을 동원하는데도 우유를 쏟고 만다.

그러니 행여 '내가 원하는 대학에 갈 수 있을까?', '내가 뭘 하겠어? 잘 안 될 것 같아'라는 생각은 절대로 해선 안 된다. '나는 잘될 거야', '나는 할 수 있어', '나는 매일 점점 나아지고 있어'라고 생각해야 한다.

《위대한 생각의 힘》에서 제임스 앨런James Allen은 "오늘 당신은 당신의 생각들이 데려다준 그곳에 있고, 내일 당신은 당신의 생각들이 데려다줄 그곳에 있을 것이다"라고 말했다. 일어나기를 바라는 일에 집중해라! 단순히 그렇게만 해도 전두피질은 여러분이 바라고 원하는 일이 뭔지를 제대로 전달받고 그 열망이 실현되도록 자신을 도울 것이다. 자신을 어디에 데려다주면 좋을지 자신의 생각을 선택하고 자신을 끝까지 믿어줄 사람은 바로 자신뿐이기 때문이다.

05

수능 막판 뒤집기는
가능하다

> "당신이 할 수 있거나 할 수 있다고 꿈꾸는 그 모든 일을 시작해라.
> 새로운 일을 시작하는 용기 속에
> 당신의 천재성과 능력 그리고 기적이 모두 숨어 있다."
>
> – 요한 볼프강 폰 괴테

그해 수능에서 자연계 응시생들 중 유일하게 만점을 받은 학생이 서울대 의대 자기주도학습 전형에서 떨어진 일이 있었다. 그야말로 난리가 났다. "수능 만점자인데……"라며 모두가 어찌 된 영문인지 몰라 의아해했다. 떨어진 이유는 간단했다. 6단계 면접에서 자기 주도 능력을 충분히 어필하지 못했기 때문이었다. 이렇듯 자기주도학습은 때로 당락을 좌우하기도 한다.

이제는 더 이상 주입식 교육이 먹히지 않는다. 지금 시대는 단순히 지식이 많은 사람보다, 지식을 활용하고 새로운 지식을 창출해 내는 자기 주도적인 인재를 필요로 한다. 이러한 인재가 되기 위해서는 스스로 공부하는 자기 주도 능력을 갖춰야 한다.

명문대 또한 창조적 지식을 생산하는 글로벌 리더가 될 창의적이며 목표가 확고한 인재를 선발하겠다는 의지를 뚜렷이 하고 있다. 스스로 공부하는 자가 이긴다. 아무리 어려운 환경에 놓여 있더라도 공부를 통해 스스로의 힘으로 미래를 성공적으로 열어나갈 수가 있다.

지금 바로 시작하면
대학 간판이 바뀐다

해마다 9월 평가원 모의고사를 치고 나면 학생들은 약속된 시간이 눈앞까지 왔음을 실감한다. 더위에 지치고 늘어졌다가도 찬바람 부는 9월이 오면 모두 정신을 바짝 차리고 열심히 공부한다. 그때 학생들이 자주 하는 질문이 있다.

"지금부터 해도 가능할까요? 수능 잘 볼 수 있을까요?"

수능 막판 뒤집기가 과연 가능할까?

그렇다. 자기주도학습으로 무장한 사람이라면 100% 가능하다.

수현이는 처음 학원을 찾아왔을 때 과목별 성적이 6~8등급인 하위권 학생이었다. 심지어 가장 좋았던 성적이 6등급이라고 했다. 학원에 다니면서 수현이는 늘 15분을 지각했다. 아침에도 15분 늦게 와서 단속에 걸리고, 점심시간을 마치는 종이 울리고도 15분 뒤에 허겁지겁 나타나고, 저녁때도 15분을 늦었다. 마치 습관성 15분 지각병에 걸린 것 같았다. 주의와 경고가 끊이지 않았고, 결국 학원을 다니지 못하게 할 수도 있다고 엄포를 놨다. 그런데 뜻밖에도 수현이가 그럼 그만 다니겠다고 했다. 나는 지금 단호하게 나가야 수현이의 태도를 바꿀 수 있을 것 같아 그럼 그러자고 했다. 그리고 10여 분 뒤, 수현이가 다시 찾아와 열심히 하겠노라 말했다. 나는 수현이에게 지금부터 해도 반드시 1등급을 받을 수 있으니 노력하자고 했다.

이날부터 수현이는 자리도 뜨지 않고 공부에 매달렸다. 물론 지각도 하지 않았다. 틈이 날 때마다 찾아와서 "제가 나중에 어떤 사람이 되면 좋을까요?", "직업은 뭐가 어울릴까요?" 하고 진로에 대한 조언을 구했다. 그렇게 마음을 열고 1년 동안 공부에 매진한 결과, 6~8등급을 받았던 수현이가 수능에서 한 과목만 2등급을 맞고 나머지는 모두 1등급을 받으며 원하는 대학에 합격했다. 그야말로 기적 같았다.

수능 시험 다음 날, 수현이가 말쑥하게 콤비 재킷을 차려입고 찾아왔다. 나는 깜짝 놀라 아직 힘들 텐데 어쩐 일이냐고 말했다. 그랬더니 수현이가 이렇게 대답하는 것이었다.

"시험을 너무 잘 봐서요. 집에 돌아와서 채점을 해보는데 답이 다 맞는 거예요. 채점하는 손이 부들부들 떨렸어요."

"다 알고 쓴 거니?"

"정확히라고는 말 못 하겠지만, 하도 많이 반복 공부를 하다보니까 시험지를 보는 순간 이거다 하고 답이 다 보였어요."

　수현이는 이제껏 본 시험 중에 수능 시험이 가장 점수가 높다고 했다.

잠재력을 끌어내
감동 신화의 주인공이 된 학생들

설날 연휴, 9월 모의고사 때 수학을 3등급 받은 학생이 나를 찾아왔다. 서울대에 합격했다며 인사하러 온 것이었다. 나는 깜짝 놀랐다. 하지만 돌이켜보면 당연히 일이었다. 그 학생은 처음 학원을 찾았을 때부터 서울대에 가겠다고 선언했고, 최종 목표인 수능을 향해 열심히 공부해 그 결실을 맺은 것뿐이었다.

　나는 학생들에게 모의고사 성적에 일희일비하지 말라고 한다. 시험 한 번 잘 봤다고 자만해서도 안 되고, 거꾸로 못 봤다고 자신감을 잃을 필요도 없다. 진짜 골문은 수능이다. 온 우주에 닿도록 열심히 기도하며, 수능을 보는 날까지 최선을 다해야 한다. 대입 성패는 결국 누가 얼마나 강한 정신력으로 목표한 공부를 자기 주도적으로 끝까지 해내는가에 달려 있다.

　EBS 〈공부의 달인〉에 최보희 학생이 소개된 적이 있다. 133명 중 130등, 최하 점수 13점. 공부를 시작하기 전, 그녀의 성적이다. 배우가 꿈이던 그녀는 연기 하나만 잘하면 된다고 생각했다. 그런데 성적 때문에 안양예고 연극영화과 입시에서 떨어졌다.

공부가 자신의 꿈을 막아섰다는 것을 깨달은 그녀는 "두고봐. 후회하게 해줄 거야"라며 울면서 공부에 도전했다. 선생님 말씀을 알아듣지 못할 정도로 공부의 벽이 높았지만 끈질기게 노력한 결과, 400명이 넘는 전교생 가운데 17등을 하는 기적을 이뤘다.

"잡아먹겠다는 생각으로 공부했어요. 이 문제가 안 풀리면 나한테 잘못 걸린 거란 생각을 했어요. 졸려도 책상에서 자고, 밥도 책상에서 먹고, 공부도 책상에서 하고, 졸기도 책상에서 졸고, 그렇게라도 내 진실한 마음을 공부가 알아준다면 좋겠어요." 최보희 학생의 말이다.

그녀는 꿈과 목표를 위해 새벽부터 늦은 밤까지 미친 듯이 자기주도학습에 몰두했다. 스스로 해내는 공부를 통해 목표를 완성해 가는 법을 배웠다. 꿈이 좌절돼 시작한 공부, 공부를 정복하며 얻은 것은 세상을 헤쳐 나가는 힘, 그 자체였다. 이렇듯 꿈을 향해 자신이라는 밭을 쉴 새 없이 경작하는 자기주도학습은 스스로를 더욱 무한 성장하게 해줄 것이다.

나는 학생들에게 지나간 일은 앞으로 펼쳐질 수험 생활에 절대 영향을 미치지 않으며, 지금부터의 마음과 정신이 중요하다고 강조한다. 현재가 바닥이어도 상관없다. 이전에 성적이 좋았건 좋지 않았건, 지금부터의 정신과 태도에 대학 간판이 달려 있다. 6등급 이하에서 시작했지만 결국 전 영역 1등급으로 우수한 대학에 입학한 학생이 수도 없이 많으며, 1등급이었지만 노력이 부족해 수능에서 4등급을 받고 나를 찾아오는 학생도 부지기수였다.

　언제나 겸손한 자세와 간절히 기도하는 마음으로 공부하자. 우리의 마음과 정신은 위대하다. 마음만 먹으면 못 할 것이 없다. 물론 수능 막판 뒤집기도 가능하다.

결국 자기주도학습이
미래를 결정한다

"인간은 자신이 하는 일에 대해 '신념'을 가져야 한다.
스스로 옳다고 확신하는 일을 실행할 힘은 어느 누구나 갖고 있는 법이다.
자신에게 그러한 힘이 있을까 주저하지 말고 앞으로 곧장 나아가라."

– 요한 볼프강 폰 괴테

"교수님, 제가 대학원을 가려고 하는데, 한 가지 걱정이 있어서요."

"뭔가?"

"실은 대학원 공부가 상당히 어렵잖아요. 발표도 많이 해야 하고……."

"그렇지. 대학 다닐 때보다 공부량이나 읽어야 할 책이 많겠지."

"그래서 말인데요, 대학원 공부를 도와줄 과외 선생님 한 분 알아봐주실 수 있는지 해서요."

서울시 교육감을 지낸 문용린 전 서울대 교수의 에피소드다. 엄청난 사교육을 받으며 치열한 경쟁을 뚫고 서울대에 들어왔지만, '인생을 헤쳐 나가는 힘'이 부족한, 수동적으로 길들여진 강남 아이들의 한계를 보여준다.

단 한 번도 자기 스스로 결정해서 뭔가를 성취해보지 않은 아이들, 늘 부모님이나 사교육의 힘에 의존해 자라난 아이들은 커서도 여전히 의존적으로 행동한다. 엄마의 도움으로, 학원의 도움으로 대학에 간 학생들은 대학에 들어가서도 무의미하게 공부만 열심히 해서 단순히 취직해버리는 것에 그친다. 자기 꿈을 찾지 못하고 부모님의 기대, 사회의 시선에 이끌려 진로를 선택하는 것이다.

자기주도학습이
곧 인생 성공의 법칙이다

록펠러Rockefeller, 아인슈타인, 마르크스Marx, 토머스 에디슨, 프로이트Freud, 스티븐 스필버그Steven Spielberg, 로스차일드Rothschild, 존 피어폰트 모건John Pierpont Morgan, 조지 소로스George Soros, 앨빈 토플러Alvin Toffler, 스티브 발머Steve Ballmer, 마이클 델Michael Dell, 리처드 파인먼Richard Feynman, 래리 엘리슨Larry Ellison, 마크 저커버그Mark Zuckerberg, 마이클 블룸버그Michael Bloomberg 등 셀 수 없이 많은 세계적 유명인들이 유대인이다. 또한 듀폰, 보잉, GE 제록스, 워너 브러더스, 엑슨모빌, AP, 로이터 통신, 뉴욕 타임스, 월스트리트 저널, NBC, BBC 등 세계를 주름잡는 메이

저 영화사, 석유 회사, 신문사, 방송사가 모두 유대인 소유다. 어떻게 전 세계 인구의 0.2%에 불과한 유대인들이 이렇게 엄청난 영향력을 미칠까?

2002년, 오랫동안 지능을 연구해 온 영국 얼스터대학교의 리처드 린Richard Lynn 교수가 185개국 사람들의 평균 IQ를 발표한 적이 있다. 1등은 바로 우리나라로, 평균 IQ가 106에 달했다. 그렇다면 전 세계적으로 두뇌가 가장 우수한 민족으로 손꼽히는 유대인들의 평균 IQ는 얼마였을까? 94에 불과했다. 그럼에도 불구하고 전체 노벨상 수상자의 27%를 차지하고 있는 유대인들은 대체 어떤 교육을 받고 성장하는 것일까?

유대인들은 어릴 때부터 아이의 힘을 키워주는 교육을 한다. 아이들은 8~9살 때부터 학교에서 책을 함께 읽고, 그 내용에 대해 생각을 나누고, 서로를 가르쳐주면서 공부를 한다. 의견이 서로 다를 때만 선생님에게 물어본다. 우리나라에서는 선생님의 수업을 잘 듣는 학생이 모범생이라고 칭찬받지만, 유대인들은 반대로 적극적으로 질문하고 반응하는 학생들을 대단하다고 칭찬한다. 이러한 적극적인 활동 속에서 아이들은 스스로 배움을 얻는 법을 익힌다.

가정에서도 항상 아이들의 의견을 존중한다. 어른들은 직접 정답을 가르쳐주는 일 없이 늘 아이들의 의견을 묻고, 스스로 답을 찾아낼 수 있도록 돕는다.

이렇게 유대인들은 자기 주도적인 힘을 키우는 교육을 받고 자란다. 대학에 가서도, 사회에 나가서도 자연스럽게 자신들이 알아서 탐색하고 공부한다. 이것이 바로 자기주도학습이 가진 힘이다.

반면에 타인 주도 학습을 받고 자란 우리나라 아이들은 대학에 가서도 여전히 방황한다. 어려서부터 쭉 수동적으로 공부해왔기에 모든 것을 스스로 책임져야 하는 상황이 낯설다. 뭘 배울지, 어떻게 살지, 하다못해 어학연수를 할지, 군 입대를 할지도 스스로 정하지 못한다. 결국 대학을 졸업하고도 부모에게 의존하고 만다. 나이를 먹어서도 스스럼없이 '엄마한테 물어보고 해야 될 것 같다'고 말한다.

세계 어느 나라 아이도 적극적으로 자기 주도적인 힘을 키워주는 유대인의 아이들만큼 경쟁력을 갖추기는 쉽지 않다고 한다. 우리도 이제는 학생에게 주도권을 주고, 학생의 힘을 키워주는 교육에 집중해야 하지 않을까. 시켜서 하는 공부가 아니라 자신이 주도적으로 지식을 구하고 익히는 능력을 길러야만 세상을 이끌고 자신이 원하는 삶을 개척해나가는 인재로 성장할 수 있다. 스스로 해내는 힘, 자신의 몸과 마음에 새겨진 자기주도학습 능력은 대학 합격은 물론 사회에 나가서도 평생 써먹을 수 있는 가장 강력한 '성공 기술'인 것이다. 자기 자신을 이겨내고 공부해내는 힘은 결국 스스로 인생의 답을 찾아가고, 자기 인생의 주도권을 갖고 개척해나가는 데 밑거름이 되기 때문이다.

요즘 시대는 잘 키운 영재 한 명에게 기대기보다는, 모두가 스스로의 인생을 개척할 수 있도록 자기 주도적인 힘을 키우게끔 하는 것이 훨씬 훌륭하다고 생각한다. 자신이 원하는 인생을 선택하고, 치열하게 노력해 목표를 달성해낼 수 있는 힘을 길러주는 것이다. 학생 스스로가 목표를 세울 줄 알고, 자신의 생활을 관리하며, 혼자서 공부할 수 있는 힘을 키워줘야 한다. 누구나 자기 주도력이 있다면 인생에서 승리할 수 있다.

자기주도학습은
자기 주도적인 인생으로 이어진다

스스로의 인생을 책임지고, 자신이 뭘 하고 싶은지 계획을 세우고, 어떤 공부를 하고 싶은지 선택할 줄 아는 것도 결국에는 자신이 어떤 꿈을 이루고 싶은가와 연결된다. 언젠가는 직접 잡아야 할 인생의 방향키가 아닌가. 남들에게 휩쓸려 이리저리 방황하는 삶이 아니라 주관이 뚜렷한 삶을 살기 위해 조금씩 자기 주도적으로 사는 법을 익혀나가자. 자기주도학습을 할 줄 아는 학생은 자기 인생의 주도권을 잡고 앞으로 나아가려 한다. 자기주도학습이 공부의 기본이자 인생의 기본자세인 것이다. 자신이 원하는 삶을 택하고, 자기 마음대로 살고 싶다면 지금부터라도 자기 주도력을 키워나가야 한다.

혼자 하는 공부를 즐긴다면
이미 성공이다

영화 〈죽은 시인의 사회〉에서 키팅 선생을 본 순간부터, 나는 늘 진정한 교육이 무엇인지 고민해왔다. 성적만으로 학생들의 미래를 판단하는 교육, 미래의 시인들을 죽이는 단순한 주입식 교육에서 벗어나 학생들이 주도권을 가지고, 진정한 자신을 찾아갈 수 있도록 돕는 교육자가 되고 싶었다.

아이들에게 세상을 다르게 볼 수 있음을 알려주고, 스스로 생각하는 힘을 키우며 주도적으로 살아갈 수 있음을 일깨워주기 위해 수업 중에 과감히 책상 위로 올라간 키팅 선생을 기억한다.

"내가 왜 이 위에 섰는지 이유를 아는 사람?"

"크다는 기분을 알려고요."

"아니야. 이 위에 선 이유는 사물을 다른 각도에서 보기 위해서야. 이

위에서 보면 세상이 무척 다르게 보이지. 믿기지 않는다면 너희도 한 번 해봐, 어서. 어떤 사실을 안다고 생각할 땐 그것을 다른 시각에서 봐라. 틀리고 바보 같은 일일지라도 시도를 해봐야 해. 책을 읽을 때 저자의 생각만 고려하지 말고 너희의 생각도 고려해보도록 해. 너희의 목소리를 찾을 수 있도록 투쟁해야 해. 늦게 시작할수록 찾기가 더 힘들 것이다. 소로Thoreau는 '사람들 대부분이 절망적으로 산다'고 했다. 그렇게 물러나며 살아가지 마라."

주입식 교육이 주류를 이루고 있는 현시점에서 학생들의 목소리를 키워줄 수 있는 것, 적극적으로 도전하고 쟁취하며 살 수 있는 힘을 주는 것, 나는 그것이 자기 주도 교육이라 믿는다. 명문대를 가지 않아도 좋다. 다만 학생들이 자신의 생각을 키우고 힘을 키워 자신의 목소리를 높이고, 자기 인생의 주도권을 갖고 잠재된 능력을 100%, 200% 발휘해 빛을 내며 살아가길 진심으로 기도한다.

지금 세상은 기술의 발전으로 놀랄만큼 빠르게 진화하고 급속히 변화하고 있다. 단순히 시키는 공부만 잘한다고 인생에서 주도권을 잡던 시대는 지났다. 성공 법칙이 바뀌고 있다. 다가오는 시대는 자기 주도적으로 삶을 개척하고 창조해내는 사람들의 것이다.

이 세상에는 똑똑한 바보가 많다. 머리는 좋지만 어릴 때부터 주입식 교육을 받고 자라 자기 주도적으로 인생을 살 줄 모른다. 부모님이, 친구가, 학교가, 회사가 옳다고 말하는 대로 따라가는 수동적인 삶을 산다. 인생에서 주도권을 잃어버리고 끌려가는 삶을 산다.

이 책을 읽은 모두가 자신만의 길을 걷길 바란다. 그리고 자기만의 힘을 키우기 위한 시작은 바로 '자기 주도적인 학습'이라 믿는다. 바야흐로 '평생 교육'의 시대다. 각자가 자신이 원하는 꿈과 목표를 향해 끊임없이 배우고 성장하며 나아가야 한다. 방향과 방법은 각자가 선택하는 것이다.

여러분의 인생은 여러분의 손에 달려 있다. 인생의 갈래마다 선택을 내리는 것, 꿈으로 향하는 방법을 찾는 것, 그러면서 배우고 성장하는 것은 여러분의 몫이다.

여러분에게 자기 주도적인 인생을 살 수 있는 힘을 키워줄 수 있는 자기주도학습의 여러 법칙들을 이 한 권에 고이 담아 선물했다. 지금 이 시기를 다채로운 경험과 배움과 즐거움으로 가득 채우며 크게 성장하길 기도한다.

"Carpe Diem. Seize the day, make your lives extraordinary."
"매 순간을 소중하게. 오늘을 붙잡아, 여러분의 삶을 특별하게 만드십시오."

김은숙

마지막 반전을 위한

고3 공부법

초판 1쇄 발행 2016년 4월 11일
개정판 1쇄 발행 2023년 3월 14일

지은이 김은숙
펴낸이 이범상
펴낸곳 (주)비전비엔피 · 애플북스

기획 편집 이경원 차재호 김승희 김연희 고연경 박성아 최유진 김태은 박승연
디자인 최원영 한우리 이설
마케팅 이성호 이병준
전자책 김성화 김희정
관리 이다정

주소 우)04034 서울시 마포구 잔다리로7길 12 (서교동)
전화 02)338-2411 | 팩스 02)338-2413
홈페이지 www.visionbp.co.kr
인스타그램 www.instagram.com/visionbnp
포스트 post.naver.com/visioncorea
이메일 visioncorea@naver.com
원고투고 editor@visionbp.co.kr

등록번호 제313-2007-000012호

ISBN 979-11-92641-08-9 13370

도서에 대한 소식과 콘텐츠를
받아보고 싶으신가요?